¡SI, TÚ PUEDES VIVIR TU SUEÑO!

MANUAL COMPLETO DE 12 PASOS

MARIA & MATS LÖFKVIST

AuthorHouse™
1663 Liberty Drive
Bloomington, IN 47403
www.authorhouse.com
Teléfono: 1 (800) 839-8640

Publicada por AuthorHouse 08/24/2019

ISBN: 978-1-7283-1801-1 (tapa blanda)
ISBN: 978-1-7283-1802-8 (libro electrónico)

authorHOUSE®

"*Una guía sencilla, profunda y clara para poder dar fruto a cualquier cosa que más desees en tu vida*".
Suryo Linda Gardner, Psicoterapeuta MA, LMP, CBP, CBI.

"*Un excelente apoyo para labrar la capacidad y el carácter de los jóvenes del futuro. Con seguridad generará un cambio en el mundo*".
Eliza Hunt, Productora Cinematográfica.

El libro está traducido al español por Lourdes Méndez Segura.

INDICE

RECONOCIMIENTOS

"Cuando el estudiante está listo, aparece el maestro".

Hay tantos maestros excepcionales que se han atravesado por nuestro camino para hacer realidad este libro. Nuestro mayor respeto a nuestros padres quienes han sido nuestros primeros y más importantes maestros, sosteniéndonos y creyendo en nosotros durante el trayecto de nuestra vida y la creación de este libro.

A nuestros maestros y familia:

Maria: A mi amado esposo Guillermo, por ser mi apoyo y siempre estar presente alentándome con sus palabras. A nuestros hijos: Mathias, Marina, Itzel y Memo, por su paciencia e inspiración al compartirnos las necesidades de los jóvenes de hoy.

Mats: A Sia, mi bella esposa y mejor amiga, por apoyarme en todas las áreas de mi vida, incluso en mis proyectos más inusuales. A nuestros ocho hijos: Alofa, Miracle, Rica, Cim, Seipepa, Uiti, Rex y Leon, por cuidar amorosamente de sus Padres.

Gracias Lourdes por haber traducido este libro e hacer posible compartir nuestro mensaje en español.

INTRODUCCIÓN

¿Quiénes somos?

María: *Conferencista motivadora y coach del programa "El Soñador Valeroso"; hipnoterapeuta, enfermera titulada, diseñadora de spas, directora e instructora de la "Escuela de Masaje Sueco", Centro Escolar Mariposa Maya A.C en México.*

Mats: Asesor de mercadeo en línea y coach del programa "El Soñador Valeroso"; ex gerente general de renombrados hoteles, capitán de grandes yates y Teniente de la Marina Sueca.

Ambos hermanos son originarios de Suecia y fundadores de "Global Mentor Aid", organización sin fines de lucro y programa de tutoría para jóvenes.

"Crecimos en Suecia, pero al cumplir veinte años dejamos nuestro país. Tomamos diferentes caminos, por lo que nos veíamos en raras ocasiones. La vida nos llevó a realizar viajes increíbles y a vivir grandes experiencias: desde tener una educación tradicional, viajar por todo el mundo, hasta cruzar el Atlántico un total de diez veces. Posteriormente, vivimos en el extranjero por más de veinticinco años entre gente indigenas. El destino de Mats fue Samoa, una pequeña isla en el Pacífico Sur, y el de María fue Tulum, México. Conocimos distintas culturas que diferían totalmente de la nuestra.

Formamos nuestras familias con mucha descendencia por nuestro amor a los niños. Nuestras vidas han estado repletas de alegría y tristeza, tiempos de abundancia y períodos de carencia. Experimentamos el sol abrasador, playas infinitas, huracanes y tsunamis. Las lecciones aprendidas y el conocimiento obtenido surgió de nuestra auténtica experiencia de vida".

¿Por qué hacemos esto?

Nuestro enfoque principal siempre fue crear y manifestar nuestros sueños, hacer lo que queríamos en la vida. Realizamos este viaje de vida sin dinero, pero con la confianza de que podíamos realizar nuestro sueño. Transformamos esta experiencia en un manual detallado, el cual explica cómo puedes crear tu sueño. Nos hemos dado cuenta que, de haber contado con esta información en nuestra juventud, todo hubiera sido mucho más sencillo y hubiéramos logrado más pronto nuestras metas. Ahora deseamos compartir nuestra experiencia y conocimiento con ustedes.

Todo es acerca de ti.

Creemos en **ti** y sabemos que tienes algo especial qué compartir con el mundo. Estás aquí por un motivo; eres único y perfecto, tal como eres en este momento.

La claridad provendrá de tu interior, no de información externa.

Te llevaremos paso a paso a un viaje interior, donde tu voz interna te conducirá al camino indicado para ti. No te impondremos ninguna creencia; tú averiguarás quién eres realmente, con toda tu fortaleza y motivación en la vida. Cuando la vida no vaya de acuerdo a lo que tú deseas, queremos que te trates a ti mismo con integridad y respeto. Que aprendas a amarte y a ser amable contigo mismo.

Pongámoslo de una forma sencilla: Queremos ser tu mentor para colocarte en tu propio camino en la vida, el que te hará sentirte feliz y satisfecho independiente de lo que decidas hacer!

Mats & Maria

Cómo utilizar este manual.

- Consigue un cuaderno de notas y ponle el título "**Diario del Soñador Valeroso**". Asegúrate de anotar siempre los ejercicios en tu diario ya que, posteriormente, serán la prueba de que tu sueño se está creando.

- Nuestro manual representa un proceso para crear tu sueño paso por paso. Completa cada uno en orden, ya que cada ejercicio se basa en el anterior. No te detengas a la mitad del proceso pensando que ya comprendiste para omintir los últimos pasos. Necesitas de todo el manual para llevar a cabo los pasos en hacer realidad la creación. Hazlo en tu propio tiempo, no te presiones.
- Si es necesario, repite los ejercicios anteriores para tener una mayor comprensión.
- Haz todos los ejercicios y anótalos, ya que son la clave para la creación de tus sueños. Algunos de los ejercicios implican trabajar en aspectos similares de tu sueño, pero la intención de cada uno es profundizar para una mayor comprensión, permitiéndote ver tu objetivo desde distintos ángulos.

El Propósito

Al terminar este curso, tendrás lo siguiente:

- Un manual con pasos para crear tu sueño.
- Un manual que puedes aplicar a cualquier deseo y seguirlo por el resto de tu vida.

Nota Importante: Antes de comenzar

- Todos somos diferentes y necesitas estar totalmente abierto a la forma en que tu sueño llegará a ti. La experiencia es distinta para cada persona.
- Es posible que tu sueño no se manifieste durante el tiempo que dure el curso. Puede tomarse un día, una semana, un año o quizá varios, dependiendo de lo que quieras atraer a tu vida.
- Necesitas continuar comprendiendo, hacer los ejercicios y sostener la intención y visión de tu sueño con la certeza de que sucederá, hasta que éste se manifieste.

Simbolos que se muestran a continuacion te ayudarán a reconocer lo siguiente:

 Ejercicios y Resumen de Herramienta de Práctica.

 Anotar en tu Diario de Soñador Valeroso.

 Visualización.

 Resumen de cada paso.

 Lo que has hecho hasta ahora.

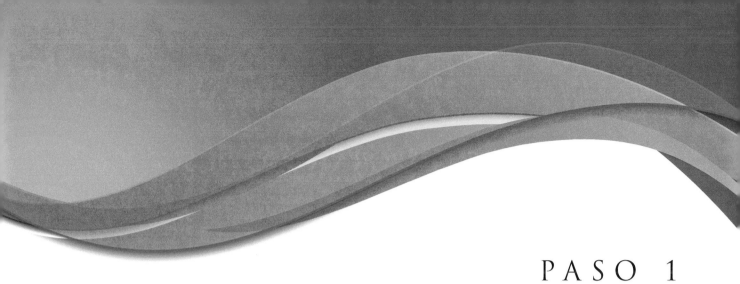

P A S O   1
Laboratorio De Sueños

CREANDO TU LABORATORIO DE SUEÑOS

¿Estás listo para crear tu futuro?

Tú creas tu futuro, estés consciente de ello o no. Ahora es el momento de saber cómo hacerlo intencionalmente. Aprenderás a soñar cada parte del futuro que deseas, ya que tú eres la única persona que puede hacer y cambiar tu futuro. Ahora aprenderás cómo crearlo tal cual como **TÚ** lo quieres.

Todo comienza con un pensamiento - un sueño.

Siempre has tenido sueños desde que eras pequeño. El contenido de tu sueño puede haber cambiado con el paso del tiempo, pero nunca has dejado de soñar. Cada sueño comienza en tu mente como un futuro imaginario. Algunos pensamientos no se quedan por mucho tiempo y en breve se van; otros están cargados de emociones y deseos que permanecen por siempre.

Quizá te confundiste de sueño debido a influencias externas tales como tus padres, la escuela, tus creencias religiosas o la sociedad. Una vez que te quede claro qué es lo que te hace feliz, sabrás hacia dónde ir.

Tu eres la persona más importante, aquí y ahora.

Apuesto a que esto es nuevo para ti…tener esa atención sobre tu propia importancia, pero la realidad es que el futuro no será igual sin ti. Con frecuencia pensamos que no importamos y no vemos que nuestra participación puede hacer la diferencia, pero queremos decirte que conforme pasa el tiempo, no es así. Tú eres valioso.

Eres excepcional y único, con un propósito personal y claro
que te hará feliz y le dará significado a tu vida.

Todos queremos ser felices, pero ¿qué es la felicidad?

¿Sabías que ser feliz no tiene nada qué ver con las circunstancias externas? Es una emoción interna. Todos tienen en todo momento la felicidad al alcance. A menudo, ser feliz y sentirse bien es una opción. La felicidad comienza con tu satisfacción interior, la cual está a tu alcance independientemente de tus finanzas, tu salud o tu situación. Tienes la capacidad de ser auténtico y genuino contigo mismo, encontrando tu verdadera y propia felicidad interna.

La vida te conducirá a un viaje con altas y bajas que detonará todas las emociones posibles, lo que fácilmente puede desviarte. Cuando cuentas con tu caja de herramientas para ayudarte a volver a tu felicidad y paz interior, eso hace el viaje mucho más ligero.

Antes de poseer más, necesitas ver qué es lo que ya tienes.

Una de las herramientas es contar tus bendiciones. A menudo creemos que no tenemos suficientes "cosas". Quizá creas que no tienes suficiente ropa, zapatos, objetos costosos, artefactos electrónicos, teléfonos, computadoras o algo más que desees. Puedes enterarte que tus amigos adquirieron algo nuevo y en tu interior sientes el deseo de tener lo mismo. Es normal querer tenerlo todo al mismo tiempo, eso está bien, pero es importante no olvidar lo que posees. Posiblemente no lo veas así, porque estamos acortumbrados a tener y a querer más.

Cuenta tus bendiciones.

Ahora bien, no estamos hablando sobre cosas materiales como ropa u otras posesiones, sino sobre *aquello que es más importante en la vida*: las bendiciones con las cuales naciste, el fundamento de tu vida. Es esencial estar consciente de estos dones para que comiences a contarlos y estar agradecido por ellos.

La primera bendición es que estás vivo. Estás aquí físicamente y aunque tu cuerpo no estuviera totalmente sano o no funcionara como tú quisieras, aun así tienes muchas bendiciones.

- Si todo tu cuerpo funciona, tienes la bendición de ver a través de tus ojos, escuchar por medio de tus oídos y hablar a través de tu boca. Piensa cómo sería carecer de estos sentidos.
- Puedes mover tu cuerpo, caminar, correr, mover tus brazos y manos. ¿Qué sucedería si no pudieras hacerlo?
- Puedes pensar con tu cerebro. ¿Qué sería si no pudieras comprender nada cuando te hablara la gente?
- Tu corazón late y puedes respirar. Sin la respiración no podrías llevar aire y oxígeno a tu corazón, el cual es necesario para vivir.

Todas esas cosas están sucediendo sin que tú les prestes atención. Tu cuerpo es una maravillosa máquina viviente. Estas son bendiciones en las cuales quizá no pienses, pero lo harías si perdieras alguna de ellas. Es fácil perderse con sólo pensar en lo que quieres del mundo material y olvidarse de lo que realmente importa.

Recuerda lo grande que eres y di "**¡Gracias!**"

Cuando sientas que no tienes lo suficiente o que no eres lo suficientemente bueno, entonces cuenta tus bendiciones una por una: puedo ver, puedo mover mi cuerpo, puedo oler, etc.

Cuando dentro de ti todo parezca oscuro y hayas perdido tu confianza, recuerda entonces que una chispa de luz elimina la oscuridad. Tus bendiciones son la luz.

¡Primero agradece lo que ya tienes para poder
recibir más de lo que quieres en la vida!

 Herramienta de Práctica 1: ¡Da las Gracias!

- **Por la mañana**, cuando despiertes, comienza a contar tus bendiciones y di **gracias**.
- **En la noche**, antes de dormir, **expresa tu gratitud** por el día que termina, recuerda tus bendiciones y cada pequeña cosa que recibiste durante el día.

Comencemos averiguando más sobre tu sueño.

Esta primera parte del curso es la más importante: definir tu sueño. Si ya tienes totalmente claro lo que deseas, entonces puedes hacer el resto con facilidad.

¡Sé lo que quiero! ¿Por qué necesito definir mi sueño?

Si ya sabes lo que quieres, ¡fantástico! Tal vez deseas ser doctor, abogado, enfermera, ingeniero, piloto, cantante, actor, pintor, jardinero, carpintero o algún otro profesional. Quizá sueñes en viajar o tener una casa y una familia. Tal vez tu sueño sea ayudar a la naturaleza, la gente y los animales del mundo para crear un futuro sustentable. Una vez que ya tienes tu sueño, necesitas definirlo. Una cosa es tener una idea de lo que tú quieres; definirlo es otra. ¿Qué significa? ¿Cómo llegare a ese punto?

Tu sueño no se realizará mientras no esté definido. Tú lo haces posible al tenerlo claro, lo que significa **saber todos los detalles de lo que deseas**. De esa forma, ocurre la manifestación. Tu sueño cobra vida y puedes verlo como si ya lo hubieras creado. Todo toma forma primero en tu mente y los siguientes pasos continúan después.

Imagina que quieres viajar.

El sólo querer irse de vacaciones no te llevará a ninguna parte. Debes saber a dónde deseas ir con exactitud y planear el medio para llegar ahí. Necesitarás saber dónde comprar un boleto, qué día y hora puedes viajar, qué necesitas empacar para tu viaje, qué hotel reservar, las actividades que hay en ese nuevo lugar y mucho más. De lo contrario, ¿cómo podrías llegar al lugar que planeas visitar? Tus metas y deseos trabajan de la misma manera. Mientras más claro tengas tu sueño, más fácil es crearlo.

Necesitas saber qué es lo que quieres y cómo obtenerlo.

¿Por qué aún no tienes definido tu sueño?

- Es posible que nunca te hayan dicho que tú eres el creador de tus sueños y de tu futuro. Tal vez durante tu crecimiento se te limitó a creer en ti mismo. Probablemente te afectaron las normas sociales restringidas o los comentarios de amigos, familiares y maestros que te dijeron qué pensar, sentir y cómo comportarte para poder acoplarte.
- Posiblemente te enseñaron a enfocarte en lo que la sociedad quiere que tú hagas en lugar de seguir **tu sueño**, lo que te hace feliz.

- Tal vez nadie ha notado tus capacidades y fortalezas personales, o no te atreviste a concentrarte en ellas y todo se olvidó al intentar acoplarte y ser aceptado.

**Muchas veces seguimos lo que otros quieren
sólo para acoplarnos y ser aceptados.**

Los beneficios de definir tu sueño y seguirlo:

- Ya no te desempeñas como reacción a lo que los demás piensen y sientan sobre ti. Tú sigues tu propio camino a lo que te hace feliz.
- Sabrás exactamente qué educación o conocimiento necesitas para comenzar a dirigirte hacia tu sueño. Disfrutas aprender lo que sea necesario para continuar tu sueño.
- Cuando haces lo que te gusta, no lo sientes ya como un trabajo. En vez disfrutarás cada momento.

- Comenzarán a acercarse a ti las personas con los mismos intereses que tú tienes y tendrás la posibilidad de ayudar a otros, lo cual a su vez, te ayuda a ti.
- Cuando tienes claro lo que deseas, todo en la vida comienza a trabajar a tu favor y llega a ti.
- Cuando haces lo que te gusta, puedes utilizarlo para ayudar a los demás y convertirlo en tu futuro negocio.

Obstáculos que te impiden definir lo que deseas:

He aquí algunas cosas que puedes sentir o pensar una vez que comienzas a definir tu sueño:

- Puedes sentir miedo de que no funcione de la forma que deseas.
- Sientes como que ya no encajas en tu viejo mundo.
- Te cansas de esperar y dejas de creer en tu sueño.
- La gente que pensabas que te apoyaría te muestra una cara distinta.
- Puedes sentirte solo, sin apoyo y con miedo.

Puede haber millones de otros motivos por los que te sientas desanimado.

¡Sabemos que estás preparado para esto!

Tener definido tu sueño no es una competencia, es un emocionante camino que recorrer y recordar. Es el verdadero viaje en el que se aprecia cada pequeño paso que te conducirá hacia tu sueño, así que disfruta de tu tiempo y **camina despacio, no corras**.

¡Una aclaración!

Cuando hablamos de tu sueño, esto no significa que sólo puedas tener uno. Por supuesto que puedes tener todos los que quieras, grandes o pequeños, en diferentes áreas de tu vida. Al hacer los ejercicios, se recomienda trabajar con un sueño a la vez.

Antes de llevarte al laboratorio de sueños, asegurémonos de que entres con aquello que es perfecto para ti.

 Herramienta de Práctica 2: ¿Qué es lo que te hace feliz ahora?

Cierra tus ojos y aquieta tu cuerpo.

Respira profundamente y comienza a pensar en:

- Algo que te gustaría hacer o que tienes ahora.
- Algo que deseas y que te haría completamente feliz.
- ¡Deja que tu mente forme cualquier cosa que desees!

Abre tus ojos, termina de responder a las preguntas y anota las **primeras cinco** cosas que vengan a tu mente. No juzgues si es posible o no.

1: Yo sería completamente feliz si tuviera o pudiera hacer…

2: Yo sería completamente feliz si tuviera o pudiera hacer…

3: Yo sería completamente feliz si tuviera o pudiera hacer…

4: Yo sería completamente feliz si tuviera o pudiera hacer…

5: Yo sería completamente feliz si tuviera o pudiera hacer…

Observa las oraciones anteriores y siente el significado que en este momento tienen en tu vida.

Pregúntate:

Si únicamente pudiera tener una de estas cinco opciones, ¿cuál sería?

Observa las cinco opciones de lo que te hace completamente feliz y siente la que es más importante en tu vida. Sácala de la lista y hazla tu opción "número uno".

Después, continúa con las siguientes cuatro opciones y haz la misma pregunta.

Si solo pudiera tener una de estas cuatro opciones, ¿cuál sería?

Hazlo una y otra vez hasta que tengas una secuencia del 1 al 5 de lo que te hace feliz en este momento.

 Escribe la pregunta en tu **Diario del Soñador Valeroso**:

¿Qué es lo que en este momento me hace feliz? Seguida de tus cinco respuestas.

Con estas cinco preguntas claramente ubicadas en tu mente, entra a tu laboratorio de sueños para explorar con detalle tus respuestas y convertirlas en tu sueño.

Herramienta de Práctica 3: **Creando tu Laboratorio de Sueños.**

3:1 Visualización

(Antes de comenzar, lee por favor el ejercicio al menos una vez)

Relájate: Ponte cómodo, ya sea sentado o recostado. Mantén tus ojos cerrados durante todo el ejercicio. Inhala profundamente para relajar todo tu cuerpo, comenzando con tus pies, subiendo por tus piernas, tu espalda, brazos, cabeza y cara. Relaja tu mente y deja ir de todos los pensamientos que tengas.

Llave del Laboratorio: Ahora vas a crear tu laboratorio de sueños. Imagina que tienes en tu mano la llave de tu espacio privado, el lugar donde puedes hacer lo que quieras, tu propio laboratorio de sueños. Abre la puerta y entra al lugar más creativo y lleno de paz, en donde tu mente puede estar totalmente libre para hacer cualquier cosa que deseas.

¿Dónde estás? Tu laboratorio de sueños puede encontrarse en cualquier lugar que desees: en la selva, la playa, una montaña, en tu habitación o en cualquier otro lugar tranquilo. Tómate el tiempo para verlo, olerlo, sentirlo, para ver los colores que te rodean. ¿Puedes escuchar algo? ¿Qué sonidos hay? Observa el lugar donde te encuentras.

¿Cómo te sientes? Toma una respiración profunda y presta atención a tus sensaciones internas. Disfruta de tu tiempo y sumérgete en la sensación de estar completamente libre, sin límites y feliz. No existen los miedos, las preocupaciones ni los obstáculos. El laboratorio de sueños es un lugar seguro donde puedes sentirte bien y crear cualquier sueño a futuro que desees.

Recuerda lo que te hace feliz: Obsérvalo frente a ti. Permite que tu imaginación actúe sin control, haciéndolo tal como tú quieres. Ve lo que te hace feliz y conviértelo en tu sueño. Obsérvalo lo más real posible, presta atención a los pequeños detalles. ¿Qué es lo que haces? ¿Dónde te encuentras? ¿Qué te hace sentir? Permanece ahí el tiempo que quieras.

Regresa: Cuando estés listo, toma unas respiraciones profundas e imagina que regresas de nuevo hacia la puerta. Antes de salir, voltea y observa bien tu laboratorio de sueños, un lugar de paz y creatividad al cual puedes volver en cualquier momento.

Con tu sueño y todas esas grandes sensaciones frescas en tu mente, puedes salir y cerrar la puerta con tu llave. Tú eres el único que tiene la llave de tu laboratorio de sueños. Toma otra respiración profunda e inicia tu retorno; siente tu cuerpo y abre tus ojos. Estírate y continúa con el siguiente ejercicio.

3:2 Escribiendo sobre tu sueño.

Describe tu sueño en tu **Diario del Soñador Valeroso** lo más detallado posible, con todas las sensaciones positivas y claras.

Anota las respuestas a las siguientes preguntas:

1. ¿En qué lugar estuviste?
2. ¿Qué es lo que viviste en tu sueño?
3. ¿Cómo te hizo sentir?

Herramienta de Práctica 4: **Observa tu sueño constantemente.**

- Mantén **vívido tu sueño**. Obsérvalo y siéntelo tantas veces como sea posible y recuérdalo por la noche, antes de dormir.

Regresa al laboratorio de tu sueño y siéntete libre de hacer cambios y ajustes, agrega o quita cosas. Defínelo cada vez más y anota todos los detalles en tu **Diario del Soñador Valeroso** siempre que regreses.

Tengo muchos sueños, ¿qué hago?

Si tienes muchos sueños que deseas manifestar, sólo hay que llevar un sueño a la vez al laboratorio; de lo contrario, tu mente irá de un sueño a otro y no definirás ninguno de ellos. Decídete por un sueño y deja que la mente establezca los detalles.

Cada día creas tu vida al aferrarte a tu sueño. Hazte consciente de ello permitiendo que tu sueño forme tu futuro.

Tú creas tu sueño. Conviértete en un soñador valeroso.

 Resumen:

- Has creado tu laboratorio de sueños.
- Has comenzado a tener claro lo que deseas.
- Has vivido tu sueño en tu mente.

 Resumen de las Herramientas de Práctica:

1   ¡Da las gracias!
2   ¿Qué es lo que ahora te hace feliz?
3:1 Visualización – Creando tu Laboratorio de Sueños.
3:2 Escribe sobre tu sueño.
4   Observa tu sueño constantemente.

Lo que has hecho hasta ahora:

Paso 1: Has creado tu laboratorio de sueños.

Observa Tus Pensamientos Y Emociones

OBSERVA TUS PENSAMIENTOS Y EMOCIONES

¿Sabías que tus pensamientos y emociones son los verdaderos creadores de tu vida? Ahora vamos a averiguar cómo crean y afectan a tu sueño.

Los pensamientos a los que te aferras en tu mente y en que piensas constante una y otra vez poco a poco tomarán forma hasta convertirse en tu realidad.

Las emociones que albergas en tu interior son el combustible que da poder a tus pensamientos. Mientras más fuertes sean las emociones que agregues a tus pensamientos, más pronto tu mente comenzará a manifestar tu sueño.

Los pensamientos y las emociones trabajan tanto en dirección positiva como negativa.

Por ejemplo: Cuando deseas un teléfono nuevo pero sientes que no puedes obtenerlo. Todos los que te rodean tienen un teléfono nuevo, pero estás convencido que te sería imposible conseguirlo, entonces lo más probable es que no lo conseguiras.

Pero…

¿Qué sucedería si quisieras un teléfono nuevo y sientes profundamente que te lo mereces? Lo sientes por todo tu cuerpo con certeza y pasión. Tarde o temprano tu mente encontrará la forma de obtenerlo.

¿Por qué es así?

Porque necesitas que tus pensamientos y emociones digan y quieran lo mismo para que tu sueño se produzca. Es de vital importancia estar consciente de lo que sucede en tu interior no sólo esperando, deseando y pensando que sabes lo que quieres.

Ten en claro los mensajes que los pensamientos y las emociones te están comunicando. Debe ser el mismo mensaje. Casi siempre piensas que sabes lo que deseas, pero se vuelve evidente sólo cuando comienzas a observar tus pensamientos y emociones.

Las emociones negativas y preocupaciones profundas crearán más negatividad y temor.

Estas emociones no te conducirán a donde deseas ir, sino que sólo producirán más de lo mismo. Está bien sentirse ansioso temporalmente, ya que puede ser una reacción natural a las situaciones de la vida. Son las emociones y preocupaciones *constantes* las que crean un resultado negativo.

Enfócate en lo que deseas y no en aquello que no deseas.

Las emociones y los pensamientos deben desear lo mismo.
¡No puedes pensar las emociones!
Las emociones se sienten y los pensamientos se piensan.

¡Bueno, eso suena obvio!, pero no lo es. Apuesto a que con frecuencia *piensas* tus emociones en lugar de *sentirlas*. Por ejemplo: Todos sabemos de una situacion donde alguien te pregunta por un favor que no deseas hacer o sabes que te haria mal, pero aun asi lo aceptas para ser apreciado. O quisas quisieras ayudar a un compañero de clase a quien molestan y es excluido del grupo, pero por temor a sobresalir sólo te quedas ahí, sin hacer nada. Piensas una cosa y sientes otra.

¿Sientes tus emociones, o las piensas?

Cuando actúas por hábito, casi siempre piensas tus emociones en lugar de sentirlas, lo cual está bien y es absolutamente normal ya que quizá nadie te ha dicho cuál es la diferencia entre tus pensamientos y tus emociones. Honestamente, muy pocas personas en el mundo lo han aprendido. Ahora tú tienes la oportunidad de tomar consciencia al respecto.

Echemos un vistazo más de cerca a la diferencia que hay entre un pensamiento y una emoción:

Observa lo que estás pensando.

Comienza a observar lo que estás pensando con respecto a tu sueño. Ya que tus pensamientos crean la realidad por medio de tu mente, primero tienes que averiguar lo que estás pensando. Todos los días tienes miles de pensamientos circulando por tu mente, muchos de ellos están formados por:

- Lo que piensas de la vida, relacionado con tus experiencias anteriores.
- Tu situación actual.
- Lo que has aprendido de la sociedad.
- Tu sueño sobre el futuro.

La mayoría de tus pensamientos son recurrentes, lo que significa que los mismos vuelven una y otra vez, pero con palabras distintas.

Los pensamientos recurrentes más comunes incluyen:

Pensamientos de carencia: No puedo tenerlo. Es muy costoso. No lo merezco. Ellos pueden tenerlo, pero yo no. Desearía poder tenerlo. Es imposible. Soy demasiado pobre.

Pensamientos de temor: Lo intenté, pero no funcionó. No puedo hacerlo. No tengo tiempo. Para ti es fácil decirlo, pero yo no puedo. No sé cómo hacerlo. Es demasiado difícil. No soy lo suficientemente inteligente.

Pensamientos de baja autoestima: Nadie me ama. Siempre estoy solo. Siempre pierdo. Nadie me entiende. No tengo amigos. A nadie le gusto. Soy demasiado tímido. Siempre cometo errores.

Toma consciencia de tus pensamientos negativos: Quizá no tengas idea del tipo de pensamientos que reaparecen en tu mente ya que aparecen automáticamente. Cuando comienzas a observarlos, eres capaz de verlos con claridad, así como los efectos que tienen en ti.

- Los pensamientos negativos te lastimarán y te alejarán de tu sueño. Cuando te vuelves consciente de lo que estás pensando puedes **descubrirte** haciéndolo.
- Descubrirte no significa que estés cambiando tus pensamientos, sino que **tomarás consciencia** de ellos. Sólo sabes que tienes pensamientos negativos y sabes qué es lo que te dicen.
- **No te juzgues** a ti mismo o analices de dónde provienen los pensamientos, **sólo obsérvalos.**

Al observar tus pensamientos cambiarán.

Ser consciente de tus pensamientos hace que cambien. No necesitas hacer otra cosa que tomar consciencia de tus pensamientos no deseados de forma constante. Es como encender la luz en una habitación oscura; la oscuridad desaparece, ya no existe. Cuando eres consciente de tus pensamientos negativos, estos cambian. No luches contra ellos o intentes cambiarlos, tan sólo aprende a observarlos. Es así como tus pensamientos negativos se irán. Podrá sonar demasiado fácil o sencillo, pero así es como funciona. Comienza a entrenar tu mente para que recuerde observar tus pensamientos. La mente se distrae con facilidad y quiere hacer lo que siempre ha hecho, así que se requiere esfuerzo para comenzar a observar y ser consciente. Hacerlo una o dos veces no es suficiente. Necesitas hacerlo de forma constante para poder descubrir tus pensamientos negativos.

Enfoca tu energía MANTENIENDOTE CONSCIENTE de tus pensamientos y NO en tratar de cambiarlos.

Practica observando lo que piensas para hacerte consciente de ello. Nunca juzgues si es correcto o no, sólo escucha y averigua lo que tus pensamientos te están diciendo.

Herramienta de Práctica 1: Escucha a tus pensamientos.
(Lee todo el ejercicio antes de comenzar)

Un Yo en miniatura. Imagina que te encoges hasta ser muy pequeño y estás sentado en tu propio hombro, escuchando tus pensamientos.

Escucha tus pensamientos. Toma unas respiraciones profundas y relájate. Cierra tus ojos y suéltate. Empieza a escuchar tus pensamientos. Es posible que al principio los pensamientos intenten engañarte al quedarse en silencio. Ten paciencia, permanece quieto y continúa observando. Mientras más te relajes, más se desatarán los pensamientos. Los pensamientos saltan rápido de aquí para allá. Es fácil dejarse llevar o distraerse y que te olvides de ser el observador.

Practica el mantenerte presente y observa los pensamientos durante 2 minutos. Si te parece difícil, di cada pensamiento que llegue a tu mente en voz alta durante un minuto. ¡Sí! ¡Entonces escucharás todo lo que sale!

Escucha el parloteo de tu mente. Escucha tu conversación interior y date cuenta que ese parloteo habla en tu cabeza todo el tiempo, aún al intentar concentrarte en otras cosas. Estos pensamientos continúan de forma inconsciente, incluso sin que los escuches, pero vaya que pueden ser un distracción.

Tus emociones determinan tu vida.

Observa lo que sientes.

Las emociones trabajan de forma similar que tus pensamientos. Te afectan inconscientemente.

¿Sabías que todas las decisiones se basan en las emociones? Primero llega una emoción que crea un pensamiento, lo cual a su vez, crea otra emoción. Todo esto sucede tan rápido que no sabrás qué es lo que llega primero: la emoción o el pensamiento.

Por ejemplo: En los primeros diez segundos de haber conocido a una nueva persona, ya has decidido si te cae bien al hacer una lista de cosas sobre la persona que tú crees que es.

Primero llega una emoción: *¡Wow, si! (agrado)*
Que crea un pensamiento: *El/ella me agrada.*
Que crea una nueva emoción: *Me siento tímido.*

Al observar tus emociones, tambien cambiarán.

- Cuando observas tus emociones que están conectadas a tus pensamientos sobre tu sueño, comenzarás a ver en dónde tienes complejos o temores. Esto determinará si logras tú meta o no.
- Cuando observas tus emociones, puedes encontrar algunas que no tenías idea que existían en tu interior como ira, irritación, arrepentimientos, resentimientos, tristeza, pérdida, dolor, vergüenza, culpa, celos, envidia, miedo, felicidad, alegría, contentamiento, emoción, éxtasis, etc.
- No intentes disimular pensando que tus emociones no existen y esperando que fueran diferentes. Todo es perfecto tal cual es, sólo acepta las emociones que tengas.
- Es vital ser honesto contigo mismo y tomar consciencia de las emociones que mantienes sobre tu sueño para que éste se vuelva realidad.

- Otravez, es la honestidad de tu consciencia y la observación de tus emociones lo que las cambiará. No intentes hacerlo tratando de ser diferente, así que no juzgues o intentes corregir tus emociones. Se muy sincero, comienza a observar constantemente las emociones que no deseas y estas cambiarán por sí solas.

Sólo puede ser alterado aquello de lo que estás consciente. Al tomar consciencia de los pensamientos y emociones que no te son útiles, éstos cambiarán por sí mismos.

He aquí un ejemplo: Digamos que quieres ser un doctor y ganar bastante dinero ayudando a muchas personas. Al mismo tiempo, sientes una emoción negativa en tu interior porque crees que el dinero es malo y recibirlo te hace una mala persona (lo que por supuesto no es verdad).

Si no estás consciente de esta emoción negativa, es probable que seas doctor pero que trabajes sin cobrar y te sientas no merecedor de recibir dinero. Esto siempre te impedirá ganarlo y tener la vida que deseas.

Tomar consciencia de tus emociones es algo decisivo. Tienes todo un almacén interior de emociones negativas tal como los demás. Comienza a observarlas ahora. No las juzgues cuando te hagas consciente de ellas; tan sólo obsérvalas y ellas poco a poco se disolverán.

Cuando tienes claro un pensamiento o sueño combinado con una intensa emoción positiva,tienes todo para crearlo. De hecho, ya está creado. Tan sólo es cuestión de tiempo antes de que se revele.

Como previamente mencionado, tus emociones le dan combustible y poder a tus pensamientos. Mientras más positivas y alegres sean las emociones que agregues a tu sueño, más pronto se manifestará.

Herramienta de Práctica 2: Observando tus Pensamientos y Emociones.

2:1 Visualización

(Antes de comenzar lee el ejercicio completo. Escucha primero a tus pensamientos, luego a tus emociones. No los mezcles, toma uno a la vez).

Relájate.

Toma asiento o recuéstate, cierra tus ojos durante toda la visualización. Respira profundamente y relaja todo tu cuerpo comenzando por tus pies, tus piernas, tu espalda, brazos, cabeza y cara. Relaja tu mente y suelta cualquier pensamiento recurrente.

Entra a tu Laboratorio de Sueños.

Trae tu llave y entra a tu laboratorio de sueños.

Una vez que hayas entrado mira a tu alrededor. ¿Se ve diferente hoy?

Observa si hay algo nuevo, presta atención a los sonidos.

Permite que las emociones de seguridad y relajación vuelvan a ti.

Encuentra ahí adentro tu lugar favorito, relájate y menciona tu sueño en tu mente.

Obsérvalo y comienza a escuchar a tu mente mientras ves todos los detalles.

Escucha y observa, no intentes cambiar nada.

Relájate y observa tus pensamientos.

¿Hay algún pensamiento negativo que esté conectado a tu sueño?

Tal vez pensamientos como:

No tengo el dinero para obtener lo que quiero.
No me dejarán hacer lo que quiero.
No soy lo suficientemente bueno, no sé cómo hacerlo.
Ellos pueden hacerlo pero yo no.
Sólo escucha y observa, no cambies nada.

Relájate y observa tus emociones.

Después de observar tus pensamientos, presta atención a las emociones que están conectadas a tu sueño. ¿Qué te dicen las emociones? Siente y escucha.

Tal vez emociones como:
¿Quién cuidará de todos si hago lo que quiero?
No puedo apoyarme a mí mismo.
Se reirán y me pondrán en ridículo.
Nadie cree en mí.

Sólo escucha y observa, no cambies nada.

Agradece.

Agradece a tus pensamientos y emociones por haberte permitido conocerlos. Trátalos con amor, como pequeños niños timidos que están en tu interior.

Regresa.

Toma una respiración profunda y regresa hacia la puerta en tu visualización. Antes de salir, voltea y observa tu hermoso laboratorio de sueños. Recuerda todas las maravillosas emociones de amor, paz y seguridad que te inspiran en este lugar. Sal y cierra la puerta por fuera. Tú eres el guardián de la llave y este es tu lugar secreto.

Toma una respiración profunda, vuelve al aquí y al ahora. Siente tus manos y pies y lentamente abre tus ojos, hasta estar completamente alerta.

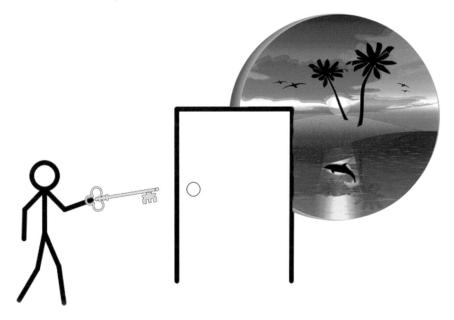

2:2 **Anotaciones.**

- Comienza a escribir en tu **Diario del Soñador Valeroso** qué es lo que te decían tus pensamientos y emociones. Ten claro si hay cualquier cosa dentro de ti que te esté impidiendo alcanzar tu sueño.
- Conforme vayas anotando tus pensamientos y emociones, léelos en voz alta y obsérvalos como si fueras un niño temeroso.

¿Qué harías con un niño temeroso? Lo abrazas y lo amas. No luches, juzgues o intentes cambiarlo. El cambiará al amarlo y observado.

La repetición te enseña a tomar consciencia.

- Repite este ejercicio tantas veces posible para poner en práctica el estar presente, observando tus pensamientos y emociones. Entonces te podas dar cuenta de los pensamientos y las emociones basadas en el miedo que almacenas en tu subconsciente.
- Recuerda anotarlo todo después de cada ejercicio. Tu mente te engañará haciéndote olvidar tu sueño o diciéndote que tu sueño es imposible. Si alguien que no cree en lo que deseas llegara a desanimarte, necesitarás de tu Diario del Soñador Valeroso para que recuerdes que tu sueño es real para ti.

Herramienta de Práctica 3: **Dibuja el símbolo de tu sueño.**

- Crea un símbolo secreto que represente tu sueño y que te sirva de recordatorio. Puede ser cualquier cosa como una estrella, flor, figura geométrica o cualquier otra cosa.
- Dibújalo en tu Diario del Soñador Valeroso y colócalo en la pared, trázalo en tu mano o en cualquier lugar donde lo puedas ver con frecuencia.
- Este símbolo te recordará tu sueño cada vez que lo veas y te dará fuerza, valor y la confianza de que vas por el camino correcto hacia él.

Resumen:

- Estás tomando consciencia de los pensamientos y emociones que hay dentro de ti.
- Estás observando tus pensamientos y emociones que están relacionados con tu sueño.
- Creaste un símbolo especial como recordatorio de tu sueño.

Resumen de las Herramientas de Práctica:

1   Escucha tus pensamientos.
2   Observando tus Pensamientos y Emociones.
2:1   Visualización
2:2   Anotaciones
3   Dibujar el símbolo de tu sueño.

Lo que has hecho hasta ahora:

Paso 1: Has creado tu laboratorio de sueños

Paso 2: Estás tomando consciencia de tus pensamientos y emociones.

El Soñador sin Límites

El Soñador sin Límites

Es genial que estés decidido a continuar conociéndote y alcanzar tu sueño. Estás en camino a crear el futuro que deseas y eso nos emociona.

Ahora es el momento de entrar en detalles de la creación de tu sueño para convertirlo en algo mucho mayor, algo que ni siquiera creerías que pudieras tener en este momento de tu vida. Ahora te conectarás con tu soñador sin límites.

Hazte la siguiente pregunta:

¿Qué es lo que haría si tuviera tiempo, dinero y salud ilimitado?

Puedes soñar cualquier cosa que quieras:

sin ningún límite,

sin pensar si será posible o no,

sin pensar si tendrás el dinero para hacerlo o no,

sin miedo alguno,

sin que nadie te detenga,

con todo el tiempo y el dinero que necesites y quieras.

¿Cómo se vería tu sueño?

Tu Sueño Sin Límites.

No importa en lo que sueñes en tanto **ames hacerlo, tenerlo y sentirlo.** Puede ser cualquier cosa, desde estudiar, pintar, escribir, leer, filmar, cocinar, caminar, hablar, practicar jardinería, deporte, vender, comprar, abrazar a la gente, hasta cualquier otra que te haga sentirte feliz y pleno.

La motivación y la pasión alimentan tu sueño.

Cuando haces lo que amas, estás tan motivado que a menudo pierdes la noción del tiempo. Quedas absorto y lo quieres hacer una y otra vez hasta lograr la perfección. No sientes que tienes que renunciar a algo pues te da esa sensación de valor, armonía y pasión. Sencillamente no puedes dejar de hacerlo.

Es momento de profundizar y mirar más de cerca lo que te hace feliz.

Herramienta de Práctica 1: Descubriendo lo que amas hacer.

Hazte las siguientes preguntas y **siente las respuestas.**

¿Qué es lo que amo hacer?

- Algo que me llene de felicidad.
- Algo que me da alegría y pasión.
- Algo en lo que realmente me interese.
- Algo que sea tan fácil que yo pierda la noción del tiempo al hacerlo.
- Algo en lo que me mantenga inspirado porque es emocionante y divertido.
- Haría yo esto todo el tiempo si tuviera más tiempo y dinero.
- Algo que me mantenga totalmente motivado.

¿Qué es lo que significaría para ti?

 Anótalo en tu **Diario del Soñador Valeroso.**

Herramienta de Práctica 2: Sé el soñador sin límites.

Herramienta de Práctica 2:1 Visualización
(Lee el ejercicio completo antes de comenzar).

Lleva a tu laboratorio de sueños todas las cosas que amas hacer junto con las buenas emociones que te provocan. Haz uso de todas ellas para hacer más grande tu sueño.

Relájate: Tómate un tiempo para relajarte. Cierra tus ojos y obsérvate sin ningún límite de tiempo, dinero y salud en tu laboratorio de sueños. Permite que tu mente genere el sueño con lo que amas hacer utilizando toda tu fortaleza, capacidades y talentos internos.

Sueña en grande: Siéntelo en tu interior y confía en ti mismo. Cree en que todo es posible y que realmente no tienes límites, así que date permiso de soñar en grande más que nunca. Siéntete libre y sueña en lo que parezca imposible.

Recuerda que tú eres el creador de tu vida. Eres merecedor de tener lo que quieres, todo es posible. Puedes tenerlo y puedes hacerlo. Confía en ti mismo.

Regresa: Conserva tu sueño y explóralo durante el tiempo que quieras. Cuando estés listo, toma una respiración profunda y regresa.

Anota todos los detalles en tu **Diario del Soñador Valeroso** lo más claro posible. Recuerda, eres un soñador sin límites. Haz tu sueño lo más grande posible.

Tu Sueño y el Futuro Tú.

 Herramienta de Práctica 3: ¿Cómo será tu vida dentro de 10 años?

Imaginemos que ahora tienes 10 años más. Toma tu sueño y tus visiones e imagina cómo será tu vida si tuvieras buena salud, dinero ilimitado y pudieras elegir hacer cualquier cosa con tu tiempo. Deja que tu mente fluya sin control conectándose con lo que te motiva y apasiona.

Responde las preguntas:

- ¿Dónde vives?
- ¿Cómo vives?
- ¿Con quién vives?
- ¿Qué es lo que comes?
- ¿Qué es lo que haces en un día habitual?
- ¿Qué estudios tienes?
- ¿Qué trabajo realizas?
- ¿Cómo se siente estar completamente feliz y contento con tu vida?
- ¿Cómo se siente tener dinero ilimitado?
- ¿Cómo se siente tener tiempo ilimitado y hacer siempre lo que quieres?
- ¿Qué es lo que haces con el dinero y el tiempo extra que no utilizas?

Anota en tu **Diario del Soñador Valeroso** cada detalle que imagines acerca del futuro como si ya lo tuvieras ahora.

Ejemplo: *Soy maestro, trabajo en una gran escuela con muchos niños. Uso saco y corbata. Mi día es… Me siento…*

Ejemplo: *Soy el jefe de mi propia empresa, me visto casual, como alimentos sanos. Mi día es… Me siento…*

Los obstáculos en tu Interior.

En ocasiones, seguir el sueño que te hace feliz puede parecer irreal. La mente intentará argumentar cualquier cosa para decirte que no puedes tener tu sueño y muchos de esos argumentos están basados en el miedo. Este parloteo mental y esas creencias pueden convertirse en obstáculos y necesitas una forma de superarlos.

El futuro es un desafío para tu mente. Tu mente consciente sólo conoce tus experiencias pasadas y no puede entender el futuro. Esta hará todo lo posible para mantenerte donde estás, cómodo y a salvo. La intención del dicho *"Tu sabes lo que tienes, pero no sabes lo que obtendrás"* es mantenerte en donde te encuentras y con miedo a hacer cambios.

Cuando vives tu vida de la misma forma todos los días sin preguntarte por qué haces y dices cosas de la forma que lo haces, la mente se siente segura. Entonces la vida sigue repitiéndose en modo automático, así como todas las cosas que has aprendido a aceptar. Nada cambia y la vida continuará igual.

*Tu mente consciente (ego) solo sabe lo que te sucedió en el pasado. El futuro es un desafío y el ego intentará mantenerte a salvo y lejos de él **impidiéndote** realizar algo nuevo.*

Ten valor para superar los obstáculos.

Ten valor para vivir tu sueño y hacer lo que tú y otros creen que de miedo o que es incómodo. Esto no significa que tomes riesgos que te pongan en peligro. ***Ser valiente es actuar mientras te diriges hacia tu sueño, aún si sientes miedo al hacerlo***. Esa es la manera de superar los obstáculos.

La gente no siempre te entiende. Ellos podrían creer que perdiste
la razón porque nunca tuvieron sueños como tú. Has todo lo que
nesecitas hacer para poder continuar y lograr tu sueño.

**Si sabes exactamente hacia dónde quieres ir,
llegarás al lugar donde deseas estar.**

Crea una descripción de tu Sueño.

Ahora estás listo para crear la primera descripción del sueño. Es una afirmación corta de lo que deseas de tu sueño, una definición personal sobre su contenido. Más adelante revisaremos esto con detalle. Cambiarás muchas veces esta descripción durante este curso, pero por ahora crearás tu primera descripción corta.

 Herramienta de Práctica 4: Crea una descripción breve de tu sueño.

Escribe en tu **Diario del Soñador Valeroso** una oración corta que defina tu sueño. Escribe tu descripción como si ya lo tuvieras: Yo soy… Yo tengo… etc.

> **Ejemplos:** - *Yo soy un piloto que viaja por el mundo.*
> - *Tengo mi casa roja privada en la playa.*

Completa el espacio a continuación:

*La Descripción de mi Sueño es:*_____

_____

Tengo paciencia y confianza en que mi motivación y pasión hacen que la descripción de mi sueño se haga realidad, aunque no sepa cómo, ni cuándo, ¡todavía!

¡Felicidades!
Estás a un paso mucho más cerca de tu sueño – ya lo definiste.

¡Es momento de llevarte al siguiente nivel!

Aunque ya cuentas con información que muy poca gente conoce y entiende, es tan sólo el comienzo de un conocimiento mucho más profundo que cambiará la forma en que has vivido tu vida. De ahora en adelante comenzarás a crear y hacer tu sueño realidad de forma activa y consciente.

Resumen:

- Te conectaste con tu 'YO' ilimitado respondiendo esta pregunta:
  ¿Cómo se vería tu sueño si tuvieras tiempo, dinero y salud ilimitados?
- Examinaste los obstáculos que te impiden realizar tu sueño.
- Descubriste lo que amas hacer.
- Creaste la descripción de tu sueño.

Resumen de las Herramientas de Práctica:

1   Descubriendo lo que amas hacer.
2   Sé el soñador sin límites.
3   ¿Cómo será tu vida dentro de 10 años?
4   Crea una descripción breve de tu sueño.

Lo que has hecho hasta ahora:

Paso 1: Has creado tu laboratorio de sueños.

Paso 2: Estás tomando consciencia de tus pensamientos y emociones.

Paso 3: Estás definiendo tu sueño con tiempo, dinero y salud ilimitados.

PASO 4

LA INTENCIÓN DE TU SUEÑO: CREER O SABER

La Intención de tu Sueño: Creer o Saber.

Tu sueño es tu guia, tu brújula.

Tu sueño es el guía que dirige tu vida. Es como tu brújula personal: necesitas saber en qué dirección vas para llegar al lugar que deseas. Si no tienes rumbo te desviaras y correrás el riesgo de captar el rumbo de alguien más para poder flotar juntos, pero ya no sería tu sueño.

¿Qué tal si deseas ser un cantante y tu mejor amigo un piloto? El habla sobre ello todo el día con gran ímpetu y pasión, entonces tú tambien crees que quieres ser piloto. Quizá sientes que tu sueño no es tan importante como el de tu amigo. Puede hacerte sentir inseguro y pierdes confianza, incluso hasta el punto que te da pena hablar sobre tu propio sueño.

No te preocupes, esto es normal pero NO está bien para ti. Ningún sueño es mejor que otro. Todos son importantes, siempre y cuando sigas soñando. Si escuchas demasiado el sueño de tu amigo, entonces te confundirás acerca del tuyo.

Necesitas contar con una brújula confiable y segura que te muestre el camino hacia lo que tu sientas es correcto para ti. Todos somos diferentes y tú eres único a tu manera, con tus talentos especiales y tus propios dones. Es por eso que tienes que aferrarte a tu sueño.

No es importante LO QUE sueñes, pero soñar en sí es vital.

"Sé Tú Mismo – Los Demás Puestos ya están Ocupados".
Oscar Wilde

El no tener ningún sueño o rumbo te hace sentir confundido y solo. Si en tu mente vas de sueño en sueño sin comprometer te con uno, comenzarás a depender aún más en lo que tus amigos sueñen y perderás de vista a tu brújula interna.

Si sientes que no sabes hacia dónde te diriges con tu vida y los demás si, ¡no te preocupes!

Sólo continúa trabajando con este manual y no pierdas el objetivo. Cada vez tendrás más claridad constantemente, lo cual te sacará de la confusión.

*Cuando tu sueño está cargado con sentimientos y emociones sólidas, tienes la brújula que te muestra qué rumbo tomar. Para ser exitoso, feliz y pleno, **tienes que seguir Tu Sueño** en lugar de dirigirte hacia donde otros quieren que vayas.*

Continuemos explorando lo que te hace único.

Naciste con talentos únicos, tus dones especiales y tu pasión. Has tenido todos estos dones durante toda tu vida, pero tal vez nunca los has visto o no los reconociste. Si analizas en lo más profundo de ti, sabrás que hay algo que te distingue de los demás. Podría ser que eres hábil para trabajar con tus manos, que tienes una mente y memoria aguda, que eres una persona amorosa y comprensiva, o tienes talento para hablar en público, para la música, el canto, los deportes o cualquier otra cosa. Muy dentro de ti sabes lo que es. Nosotros vamos a encontrarlo y establecer tu sueño en ello.

Tal vez digas: *"No sé qué es, no tengo nada especial dentro de mí"*.

Bien, eso es lo que tú crees, pero te apuesto a que sí lo sabes porque todos sabemos muy adentro.

Naciste con un talento en particular y llegaste aquí para compartirlo con otras personas en esta vida. No eres un error, eres de suma importancia para el todo. El resto del mundo te necesita; vas a encontrar ese talento especial en el cual sobresalgas y, posteriormente, expresarlo.

Comencemos encontrando tu talento por medio de la intensa emoción que provenga de tu sueño, que es la intención del mismo. Esta intensa emoción te conducirá hacia tu talento y también responderá a la pregunta del **por qué** quieres soñarlo, así que ¡volvámonos detectives!

Siente tu sueño y sostenlo en tu mente. Hazte la siguiente pregunta:
"¿Qué emoción plasmará este sueño en mi interior?"

- Sentirte bien ayuando a los demás.
- Sentir la necesidad de difundir un mensaje importante al mundo.
- Hacer feliz a alguien.
- Experimentar alegría pura por ti mismo.
- Sentir que haces la diferencia en el mundo.
- Liberarte de preocupaciones.

O cualquier otra emoción.

A veces es algo mucho más profundo de lo que pensaste al principio.

Muchas veces nuestra pasión sirve como una vía para comprender cuál es tu intención. Puedes sentir pasión por varias cosas, pero hay una que resalta entre las demás. La pasión es la emoción poderosa que proviene del interior y es especial para ti. Sirve como un imán que atrae lo que deseas.

Tu Intención, el Imán de tu Pasión.

Tu emoción más profunda en cuanto al **POR QUE** deseas tú sueño es tu intención. Este imán de la pasión sincera no se trata de creer que es una buena idea ayudar a la gente o hacer buenas obras en la vida. **Tu intención es una emoción mas profunda dentro de ti**.

La intención del sueño es tu apasionado impulso interno que mueve tu energía en dirección a lo que deseas. Es parecido a un potente imán. Cuando la pasión llena tu cuerpo, mente y espíritu, el sueño vendrá a ti como atraído por un imán. Comenzarás a atraer a las personas y circunstancias correctas para llevar a cabo tu sueño. Así es como tu intención sirve como imán para que tu sueño se vuelva realidad.

¿Ahora ves por qué es importante tener claro el **POR QUE** quieres tu sueño para poder atraer lo que deseas?

El potente imán de tu intención atrae a las personas y circunstancias correctas para que realices tu sueño.

Ejemplo: Si quieres ser doctor, comienza visualizándote como un doctor. Observa a las personas que atenderás, sus caras sonrientes y su agradecimiento porque los ayudas. Siente en todo tu cuerpo lo contento, feliz y agradecido que estás por poder ayudarles. Tu mente identificará los pensamientos y emociones que se generan por ser ya un doctor; entonces **SABRAS** que es real. Tu mente no sabe la diferencia que hay entre un sueño y la realidad, ambos son reales.

Herramienta de Práctica 1:1 **Descubre la intención de tu sueño.**

Averigua qué emoción realizará tu sueño en tu interior.

Si cierras tus ojos, puedes comenzar a sentir la intención moviéndose dentro de ti. Siente cómo todas las células en tu cuerpo lo desean, así como tu intenso deseo por expresarlo. Te apasiona el tan solo pensar en ello, sientes alegría y expansión en todo tu cuerpo. Lo amas con tal intensidad que lo harás sin que nadie te lo diga. Te trae placer y felicidad cada vez que lo haces o piensas en ello.

¿Cuál es la intención de tu sueño, la respuesta al por qué deseas expresar tu talento único?

La intención de mi sueño (la razón) es:_____

Herramienta de Práctica 1:2 **¿Por qué es importante para mí?**

Toma la intención de tu sueño y hazte la siguiente pregunta:

¿Por qué es importante para mí?
Toma la respuesta y hazte de nuevo la pregunta.

> Ejemplo:
> ***Emoción de la intención:*** *Me gusta ayudar a la gente cuando soy doctor.*
> ***¿Por qué es importante para mí?*** *Me hace feliz.*
> ***¿Por qué es importante para mí ser feliz?*** *No siento miedo*
> ***¿Por qué es importante para mí no sentir miedo?*** *Siento que puedo hacer cualquier cosa.*
> ***¿Por qué es importante para mí a sentir que puedo hacer cualquier cosa?*** *......*

Repite esto siete (7) veces para ir más a fondo en tu interior y definir lo que es realmente importante para ti.

 Anótalo en tu **Diario del Soñador Valeroso**.

¿Crees o sabes que tu sueño se volverá realidad?

<u>**Creer:**</u>
Una creencia es algo en lo que **hay duda**: no sabes si es cierto o no. Esperas que tu sueño se vuelva realidad pero existen dudas y detrás de cada una hay miedo. Necesitas volver al Paso 2, observar tus pensamientos y emociones, encontrar el miedo y observarlo de nuevo para obtener claridad. Las palabras son muy poderosas, así que cuida lo que dices. Cuando utilizas la palabra "creo", es muy probable que no logres tu objetivo.

<u>**Saber:**</u>
Cuando sientes que sabes algo, hay en tu interior **una verdadera determinación**. Cuando sabes que ocurrirá tu sueño, de hecho ya sabes que es real y está hecho. Lo sientes con claridad y **no tienes ninguna duda**. Sabes que tu sueño es el correcto para ti sin entender por qué o cómo sucederá.

Para ilustrar la diferencia de emociones:

No crees que el sol saldrá por la mañana – lo sabes.

Excluye por favor las palabras **creer, esperar y desear** de tu vocabulario. Estas palabras sólo traerán más creer, esperar o anhelar algo y no lo que verdaderamente deseas.

*Cuando **crees** que puedes tener algo, te dices a ti mismo que no estás seguro de poder tenerlo; tan sólo esperas o anhelas que suceda. Esto sólo produce más creer, esperar y anhelar. Cuando dentro de ti **SABES** que puedes obtenerlo, entonces ya no hay más duda – tan sólo sabes que es cierto.*

Cuando SABES que tu sueño es real:

- Tú ya ERES lo que quieres.
- Tú ya TIENES lo que quieres.
- Tú ya estás HACIENDO lo que quieres.

Por ejemplo: Cuando sabes que ya eres un piloto, en tu mente puedes ver el uniforme color azul y lo sientes en tu cuerpo. Puedes ver la cabina, sentir todos los interruptores y sabes cómo funciona cada uno. Puedes ver la pista y sentir en tu cuerpo cómo acelera el avión cuando despega. Sientes la emoción de visitar nuevos países y la gratitud por hacer realidad tu sueño.

 Herramienta de Práctica 2: Saber o Creer tu Sueño.

Echemos un vistazo a tu sueño para averiguar qué parte **crees** y cuál **sabes** que sucederá.

Elabora tu lista a partir de las respuestas que obtuviste en el Paso 3, Ejercicio 3.

- Relájate cuando lo hagas y confía en la primera emoción que surja.
- Si tienes más de un sueño, trabaja con uno a la vez.
- Aférrate a la intención de tu sueño (la razón por la que lo quieres).
- Se muy honesto contigo mismo cuando preguntes:

¿Creo esto (no estoy seguro)? O ¿Sé que esto se convertirá en realidad?

Yo Creo	*Yo Sé*
Ejemplo:	*Ejemplo:*
Puedo ser doctor	*Obtendré las calificaciones escolares que necesito*
Puedo comprar una casa	*Obtendré un empleo*

 Anota la lista completa en tu **Diario del Soñador Valeroso**

 Herramienta de Práctica 3: **Llevar lo que crees de vuelta al Segundo paso.**

Cuando encuentras demasiadas **creencias** en tu sueño, tienes duda de que este ocurrirá. Está bien, pero es importante analizar cualquier pensamiento y emoción negativa que esté conectado a tu sueño, de lo contrario no se manifestará.

Vuelve al ejercicio en el Paso 2 y observa tus pensamientos y emociones con respecto a cada una de tus creencias.

Cuando ya no hay más pensamientos y emociones negativas que estén conectadas a tu sueño, comenzarás a sentir que sabes que tu sueño ocurrirá.

Si encuentras más miedos, esto no significa que estés haciendo algo mal. Recuerda, es un proceso y mientras más profundo vayas, podrán surgir más miedos y dudas. Todos tenemos una infinidad de miedos que aparecen de diferentes formas a medida que profundizamos más. Piensa en ello como si fueran las capas de una cebolla; apenas comienzas a desprender la primera capa.

Las Dos Preguntas que Nunca deben Hacerse.

¿COMO se presentará mi sueño?

No sabes cómo sucederá, sencillamente no lo sabrás. La vida es un conjunto de coincidencias, oportunidades y situaciones que no podemos predecir. Todos coexistimos con otras personas, animales, naturaleza y fuerzas que no podemos controlar. Tu intención atraerá hacia ti las oportunidades para manifestar tu sueño.

Toma un paso a la vez hacia tu meta y a medida que lo hagas, el siguiente aparecerá de una u otra manera. La vida hace que sucedan las coincidencias mágicas con las personas. Las oportunidades aparecerán en su momento y cuando estés listo para ello; sólo aférrate a la intención de tu sueño y confía en que sucederá, aún sin saber cómo.

¿CUANDO ocurrirá mi sueño?

No tienes idea de cuándo ocurrirá. Puedes desear lograrlo en un tiempo determinado, pero en realidad no sabrás cuándo. Tan sólo debes aferrarte a la intención de tu sueño constantemente y confiar en que se manifestará cuando sea el momento adecuado.

¿CUANDO es el momento adecuado? No lo sabrás porque no puedes saber todas las circunstancias que rodean tu sueño. No le pongas un límite al tiempo de sueño pues podrías decepcionarte. Toma medidas para acercarte a él y nunca renuncies a tu intención.

- Sólo **ten claro** que sucederá; aférrate a la intención en tu sueño.
- Confía en que, una vez que hayas tomado el primer paso, el siguiente **surgirá**.
- Se un soñador valeroso.
- **¡Tú puedes lograrlo!**

 Resumen:

- Ya tienes clara la intención de tu sueño, la cuestión más profunda del **por qué** lo quieres.
- Comprobaste si realmente **crees** o **sabes** que tu sueño sucederá, así como identificaste si necesitarás hacer más aclaraciones.
- Entendiste el punto de no preguntar **cómo** y **cuándo** ocurrirá tu sueño.

 Resumen de Herramienta de Práctica:

1:1   Descubre la intención de tu sueño.
1:2   ¿Por qué es importante para mí?
2   Saber o creer tu sueño.
3   Llevar lo que "crees" de vuelta al segundo paso.

Lo que has hecho hasta ahora:

Paso 1: Has creado tu laboratorio de sueños.

Paso 2: Estás tomando consciencia de tus pensamientos y emociones.

Paso 3: Estás definiendo tu sueño con tiempo, dinero y salud ilimitados.

Paso 4: Estás encontrando tu intención y lo que crees o sabes sobre tu sueño.

Proyecto de Manifestación – El Proyecto de tu Sueño

Proyecto de Manifestación – El Proyecto de tu Sueño

Cómo manifestar tu Sueño de forma más rápida.

Ahora es tiempo de plasmar tu sueño en papel y anotarlo en tu proyecto de manifestación. Usarás este proyecto en todo momento como un recordatorio conciso de tu sueño para que puedas entenderlo mejor.

La Magia sucede cuando pones tu sueño por escrito y creas un plan.

Para sacarle el mayor provecho a tu proyecto de manifestación, conéctate con tus emociones felices y la intención de tu sueño. Cuando utilizas todos tus sentidos (ver, tocar, oler, escuchar y saborear), ocupas todo lo que comprende tu mente y emociones.

Posteriormente, esto enviará la información a tu cerebro para crear una imagen de tu sueño. Es importante que permanezcas en sintonía con tus emociones. Una vez que logras sentir la emoción que te brinda tu sueño y conservas esa visión, comenzaras a manifestar tu sueño con mayor rapidez.

Ejemplo: Involucra todos tus sentidos – Quieres una galleta de chocolate.

Cierra los ojos e imagina que ves una enorme y gruesa galleta llena de trozos de chocolate. Percibe su aroma a recién horneada, siente la galleta caliente en tu mano al sostenerla. Escucha cómo cruje cuando le das la primera mordida, salivas al saborear el chocolate derritiéndose en tu boca. Siente la alegría que produce el disfrutar cada bocado de la galleta hasta terminártela, y quieres más. Incluso siente la sed que provoca el azúcar después que comértela.

Necesitas tener esta misma claridad e involucrar todos tus sentidos para poder manifestar más rápido tu sueño, así que ¡comencemos!

Cómo empezar el Proyecto de Manifestación.

Sigue las instrucciones que se muestran a continuación. Puedes escribir tantos sueños quieras. Habrá algunos a corto plazo que son fáciles de lograr, y otros a largo plazo, los cuales alcanzarás más adelante cuando sea el tiempo correcto.

Comienza por el sueño más importante, aquel que ya creaste en tu laboratorio de sueños. Trata de ser lo más claro posible y anótalo en oraciones cortas. Captura esas intensas emociones que sientes por tu sueño con la certeza de que está en camino.

Herramienta de Práctica 1: **El Proyecto de Manifestación.**

Anota las respuestas en tu **Diario del Soñador Valeroso**.

EL PROYECTO DE MANIFESTACION

A. Describe tu sueño como si ya se hubiera manifestado:

B. ¿Qué tan importante es tu sueño?

Elige el número. Uno es el más bajo – Diez es el más alto.

1   2   3   4   5   6   7   8   9   10

C. La intención del sueño, el significado más profundo para ti y el motivo emocional:

-

-

-

D. Beneficios que tanto tú como el mundo obtendrán de tu sueño (uno o varios):

E. Las Acciones a tomar entre el lugar donde te encuentras ahora y hacia dónde quieres ir. Las acciones que crees surgirán en el camino hacia tu sueño.
Sé creativo y piensa fuera de lo habitual. Escribe todas las acciones que quieras:

-

-

-

-

-

-

F. Agradece: Describe con emociones qué tan agradecido estás por haber logrado ya tu sueño:

G. ¿Cómo lo celebrarás? ¿Qué harás para reconocer tu progreso?

Copyright Maria & Mats Löfkvist

Tu sueño responde a la siguiente pregunta:

¿Qué me gustaría hacer si tuviera tiempo, dinero y salud ilimitados?

A. Describe tu sueño como si ya se hubiera manifestado: Tengo… Soy… Hago…

Ejemplo: Soy bailarín(a) en un importante espectáculo de Broadway. Tengo una granja con muchos animales. Hago las mejores galletas del mundo.

B. Importancia: Califica qué tan importante es tu sueño para ti. Uno es menos importante y diez, muy importante.

C. La intención del sueño: Los motivos más profundos del **por qué** quieres tu sueño. Haz una conexión emocional firme.

En pocas palabras, regresa a la conexión emocional que hay en tu intención. Escribe una o varias intenciones distintas.

Ejemplo: Deseo ayudar a los gatos que sufren.

D. Beneficios que tú y el mundo obtendrán de tu sueño. Ve los beneficios de cómo tu sueño cambiará tanto tu vida como la de los demás. Tu mente necesita ver un beneficio o recompensa clara para ubicarte en la dirección correcta.

Ejemplo: Todos los animales de mi localidad recibirán ayuda. La gente respetará más a los animales.

E. Piensa en las acciones que existen entre en lugar donde ahora te encuentras y hacia dónde quieres ir. ¿Qué acciones estás tomando para lograr tu sueño? Sé creativo y piensa fuera de lo habitual. Anota las acciones que quieras y piensa en distintas formas de lograr tu sueño. Necesitas entender cada paso que te conduce a tu sueño. Imagina qué sucederá, aunque al final puede resultar algo totalmente distinto. Así tu mente podrá crearlo en la realidad. Revisa de nuevo lo que anotaste, ya que con el tiempo los pasos cambiarán. Escribe cada uno como si ya lo estuvieras haciendo.

Ejemplo: Estoy estudiando sobre los gatos. Hago anotaciones sobre el tema en un pizarrón en la escuela o en el trabajo. Informo a la gente. Doy una conferencia…

F. Agradece y anota lo agradecido que estás por haber logrado ya tu sueño. Emociónate. Intenta percibir lo maravilloso que se siente haberlo logrado y la gratitud por tenerlo.

Ejemplo: Me siento inspirado, motivado y feliz de haber actuado para ayudar a los gatos.

G. ¿Cómo lo celebrarás? ¿Qué harás para reconocer tu avance o cada pequeño paso que das hacia tu sueño? Define tu sistema de recompensas: darte una golosina, comprarte algo, compartir tu desarrollo con tus amigos, organizar una fiesta.

Ejemplo: Por cada gato que ayude, tomaré una fotografía o haré un dibujo de él y lo colocaré en el muro como recordatorio de que estoy viviendo mi sueño.

Conclusión

Al principio sólo enfócate en los sueños que hayas calificado con 10. El sueño que tenga la calificación más alta es aquel que cuenta con mayor pasión y mayor probabilidad de que pronto se manifieste. Todo lo que esté por debajo de diez por el momento no se toma en cuenta. Mantén la intención de tu sueño y recuerda: una vez que puedes ver y sentir con claridad tu sueño, el resultado ya se está creando. Es real, aunque no se pueda ver ya está en camino.

Revisa de nuevo tu sueño al menos una vez a la semana para cambiar lo que sientas que ya no aplica. Recuerda, este es el proyecto de tu vida y el proyecto para manifestar tu sueño. Este se desarrollará con el tiempo y eso está bien. Sólo juega, diviértete y ten la certeza de que sucederá.

 Herramienta de Práctica 2: Observa tu Sueño ya Manifestado.

 Visualización: Siéntate, respira profundo, relájate y cierra tus ojos.

Tómate tiempo para visualizar tu sueño tal como lo anotaste en tu proyecto de manifestación.

- Imagina tu sueño como si ya estuviera ocurriendo.
- Siente lo fácil que fue manifestarlo.
- Revisa cada paso que tomaste para alcanzar tu sueño.
- Siente la alegría que produce el haber logrado tu objetivo.
- Siente lo agradecido que estás por haber logrado lo que deseabas.
- Obsérvate celebrando tu logro.

Explorando posibles obstáculos en tu sueño y qué hacer si se presentan.

Confusión por demasiadas opciones.

Si tienes demasiadas opciones de lo que puedes hacer en la vida, es necesario elegir. Podrías optar entre qué tipo de educación deseas o qué clase de trabajo realizarás.

Tal vez quieras vivir tu vida de forma distinta. Cuando hay demasiadas opciones, esto puede causar demasiado estrés dentro de ti. No sabes si estás eligiendo el sueño correcto, así que comienzas preguntando a tus amigos. Todos tienen diferentes ideas y sueños lo cual sólo añadirá más confusión y estrés. En tu interior estás batallando con todas tus ideas y, al final, terminas confundido.

Cuando dos o más ideas crean conflicto dentro de ti, todo termina en confusión.

Si continúas obsesionándote con las opciones, tu mente se confundirá, se saturará de información, se bloqueará y quedará en blanco. La mente ha trabajado demasiado intentando darte una respuesta y observando desde todos los ángulos; finalmente se confunde por completo y no tienes acceso a ninguna información.

Si esto te sucede:

- Deja de pedir consejos u opinión de los demás.
- Relaja tu mente. No te obsesiones con las opciones.
- Ponte en movimiento, ya sea haciendo ejercicio o caminando en la naturaleza.
- Enfócate en lo que te hace plenamente feliz en la vida, como lo hiciste en el Paso 3.
- Deja que te llene la motivación de lo que amas hacer. Quédate con esa emoción hasta que vuelvas a tener claridad.

Cuando el miedo surge,
la solución es dejar de
luchar en tu mente.
Sólo obsérva tus
pensamientos.

Cuando el miedo surge.

Todos tenemos miedos, también tú y eso está bien. Los temores instintivos son un mecanismo de defensa que te sirven ante una situación peligrosa para mantenerte a salvo. Si ves a una serpiente o algún animal peligroso, reaccionas desde el miedo para alejarte. La mayoría de nosotros hemos perdid o el contacto con nuestros temores instintivos y, en su lugar, hemos desarrollado temores imaginarios.

Puedes tener miedo a sobresalir, a ser diferente, a que te intimiden o a no acoplarte. También puedes tener miedo por recuerdos del pasado, así como del futuro porque no puedes controlarlo. Cuando el temor se conecta con una emoción, comienzas a creer que es real, lo que puede convertirse en un círculo vicioso permanente.

Tu mente solo conoce el pasado y siempre tendrá miedo del futuro, ya que no puede controlarlo o no lo entiende. Comenzará a desanimarte para que tu sueño nunca se cumpla. Incluso puede amenazarte, haciéndote creer que algo negativo sucederá si continúas con él. Es una historia sin fin. Tu mente te dará cientos de motivos por los que no puedes hacerlo y algunos serán muy convincentes.

La solución es dejar de luchar con tu mente. Sólo obsérvala.

Observa tus pensamientos y escucha todas las cosas alarmantes que te dice. Escucha a la mente tal como escucharías a un niño atemorizado. Sabes que el pequeño sólo necesita que lo abracen, lo amen y le digan que todo estará bien. Esto calmará a la mente. Escúchala, obsérvala y dile que está bien estar asustado. Después continúa con tu sueño.

El miedo a perder un empleo, por Mats Löfkvist

"Estaba recién casado con mi primera esposa y vivía en Viena, Austria. Como extranjero, estaba aplicando para varios empleos pero en todos me rechazaron. Por fin conseguí un puesto en la recepción de un hotel de cinco estrellas. Yo era el único hombre. Después de algunos meses, el gerente de recepción decidió que yo era demasiado lento con las computadoras y me despidió.

Esto fue como un golpe en el estómago y no sabía cómo podríamos sobrevivir en lo económico. Sin embargo, supe que mi pasión era la hotelería. Durante mi último día de trabajo tomé una decisión: ser gerente general para un hotel importante en Viena en cinco años.

Después de ocupar varios puestos en diferentes hoteles, por fin obtuve una oferta como Gerente General en un nuevo hotel en Suecia sólo tres años después de haberme despedido de mi primer empleo. No permití que el miedo al rechazo y a la humillación de haber sido despedido me impidiera convertirme en lo que yo sabía que sería".

Si esto te está ocurriendo:

- No luches contra los miedos, pues te ganarán y perderás tu energía.
- Vuelve al segundo paso del manual, siéntate y observa tus pensamientos y emociones.
- Al observar los miedos y saber que no tienen ningún fundamento real, entonces no les darás tu energía y desaparecerán. En su lugar, enfócate en lo que te hace feliz y te motiva.
- Es probable que necesites continuar observando tus miedos muchas veces, ya que tu mente siempre creará nuevos temores.

¿Olvidaste tu sueño?

Esto nos sucede a todos. Por mucho que desees tu sueño, la vida cotidiana toma el control y, de repente, has olvidado que tenías un sueño. Entonces te enfadas y te frustras contigo mismo por olvidarlo y por no seguir esa motivación dentro de ti que te hace feliz. Es natural olvidarse y nos ocurre a todos.

Anota cada detalle en tu Diario del Soñador Valeroso y utiliza el Proyecto de Manifestación como un recordatorio para que no te olvides. Este último te conducirá de vuelta a tu sueño. Regresa y actualiza tu proyecto para asegurarte que vaya de acuerdo con lo que deseas y la forma en que sucederá.

"Tomé mi viejo diario que escribí hace treinta años. Fue tranquilizante leer que muchos de mis sueños en ese entonces ya los había realizado. También me di cuenta que mi intención de hace treinta años era la misma que tengo ahora. Esto me hizo comprender que nuestro propósito más profundo se queda siempre con nosotros, sólo se expresa de diferente forma durante nuestra vida".
-Maria Löfkvist

Es importante mantener un seguimiento de nosotros mismos para saber que, de hecho, hacemos lo que queremos en la vida. No dejes que tu sueño se vaya. Una vez que te has distraído de él por un momento, asegúrate de revisar de nuevo tu diario y recordar tu intención en el proyecto de manifestación para retomar el rumbo.

Si esto te está ocurriendo:

Lee los detalles en tu **Proyecto de Manifestación** y en tu **Diario del Soñador Valeroso.**

- Regresa a tu "Laboratorio de Sueños" y haz realidad tu sueño de nuevo.
- Revisa tu proyecto de Manifestación y haz cambios cuando sea necesario.
- Coloca notas por toda tu casa con la frase "Recuerda Soñar".
- Anota la frase "Recuerda Soñar" en tu calendario como un recordatorio.
- Antes de dormir, visualízate teniendo y viviendo tu sueño.

Resumen:

- Hiciste tu proyecto de manifestación y lo visualizaste ya sucediendo.
- Analizaste tres diferentes obstáculos: la confusión, el miedo y el olvido de tu sueño.
- Adquiriste herramientas: cómo superar los obstáculos.

Resumen de Herramienta de Práctica:

1: El Proyecto de Manifestación
2. Observa tu Sueño ya Manifestado.

Lo que has hecho hasta ahora:

Paso 1: Has creado tu laboratorio de sueños.

Paso 2: Estás tomando consciencia de tus pensamientos y emociones.

Paso 3: Estás definiendo tu sueño con tiempo, dinero y salud ilimitados.

Paso 4: Estás encontrando tu intención y lo que crees o sabes sobre tu sueño.

Paso 5: Hiciste tu proyecto de manifestación para que tu sueño se realice con mayor rapidez.

COMPARTIENDO TÚ SUEÑO

COMPARTIENDO TÚ SUEÑO

- Sabes lo que quieres y puedes ver tu sueño frente a ti con claridad.
- Has revisado tus pensamientos y emociones que están conectados a tu sueño.
- Sabes muy en el fondo que tu sueño sucederá.

¿Estás listo para compartirlo?

Ahora es el momento para ser creativo y encontrar formas fuera de lo común para comunicar y expresar tu sueño al mundo. Compartir tu sueño es algo que harás constantemente hasta que se cumpla.

¡Lo que haces con constancia se vuelve un hábito cotidiano!

Sería genial pensar que puedes recostarte en el sofá a ver televisión comiendo palomitas mientras que tu sueño llega y toca a la puerta. Bien, en cierto modo lo hará, pero primero tienes que estar seguro de haberlo compartido con constancia, de una forma u otra.

Es como practicar un deporte en equipo contigo mismo.

Imaginemos que eres parte de un equipo de futbol y comienzas a calentar tus músculos antes del partido. Necesitas saber qué posición tienes en el equipo. Una vez que el equipo ha practicado por unos minutos, este comienza a fluir y llega un momento en el que todo el juego parece fácil, como si estuviera ocurriendo por sí solo.

- **Para calentar tus músculos:**

Estás calentando tu creatividad y compartiendo tu sueño.

- **Saber qué deporte estás practicando y la posición que ocupas en el equipo:**

Es saber tu sueño y tu rumbo.

- **El equipo jugando en conjunto de forma fluida:**

Es cuando comienzas a notar señales a tu alrededor y por medio de que compartiste tanto tu sueño, oportunidades para que se coumpla más rapido aparecerán.

- **El impulso natural en el juego:**

Es cuando ocurre el flujo suave. Una vez que toda la energía fluye en la misma dirección, entonces tu sueño se moverá por sí solo.

Como puedes imaginar, hay muchos jugadores en el campo para que un equipo de futbol funcione y la misma idea aplica al crear tu sueño. Lo fundamental aquí es que tú eres el jugador principal, pero también parte del equipo. Eres parte esencial del juego. Necesitas aprender cuándo correr y cuándo descansar para que no consumas toda tu energía de un golpe. Si lo haces, no tendrás la fuerza para correr de nuevo cuando te lancen el balón.

En general, la vida es muy parecida a un partido de futbol. Todos necesitamos aprender cuándo actuar y cuándo esperar el balón en su momento. La parte fundamental es darte cuenta que tú eres el jugador principal del juego de tu vida, sin importar la posición que ocupes. El juego de tu sueño no puede llevarse a cabo sin tu participación activa.

Ahora veamos que puedes hacer que la comunicación de tus sueños sea un hábito.

Si la gente no se ríe de tus sueños...
Tus sueños no son lo
suficientemente GRANDES.
Robin Sharma

Cómo compartir tu Sueño.

A: Platicando con la gente.
Tu sueño se transmitirá de forma rápida conversando con la gente. Casi todas las conexiones que ocurren en la vida suceden debido a otras personas. Recuerda, no estás solo en el campo de futbol; no puedes crear tu sueño solo. Necesitas de apoyo e información, la cual llegará si lo platicas con la gente.

Como joven que eres, necesitas conversar con los adultos. Ellos portan información y casi siempre son la conexión con otros adultos. Ellos te pueden ayudar indicándote el camino hacia tu sueño. Esa es una de las formas más ágiles para compartir tu sueño. Los adultos también son los portadores de experiencias de vida.

Los adultos no tienen la misma mente joven y creativa que tú, así que no permitas que nadie te desanime. Escucha la valiosa información que te aportan sobre la forma de como funcionan las cosas, cómo están estructurados los sistemas, cómo aproximarse a otro adulto con el cual necesitas conectarte. Al hacerlo, evitas que cometas errores igual que otras personas. Puede ahorrarte meses, incluso años, así que escucha con atención a lo que dicen. Entonces podrás decidir qué es lo que quieres hacer y de qué manera.

Puedes sentirte tímido al aproximarte para conversar con adultos ya que se puede tratar de alguien con cierta autoridad. Sólo recuerda que en algún momento ellos fueron niños y usaron pañales. Ahora sólo son niños grandes sin pañales. De esa manera no tendrás que sentirte inferior, sólo trátalos con respeto.

Comienza a hablar con los adultos en tu entorno, pregúntales si tienen contactos que te orienten en dirección a tu sueño. Luego actúa de acuerdo a la información; hazlo paso a paso.

B: Por medio de artículos, correos electrónicos, colocando notas o publicando en el internet.
Además de conversar directamente con la gente, existen muchas otras maneras de comunicarse.

<u>Sin el uso del Internet:</u>

1. Escribiendo cartas personales: En la actualidad es poco común recibir por correo una carta personal escrita a mano. Debido a ello, mucha gente la abrirá y leerá. Averigua la dirección de la persona indicada y envíale tu carta.
2. Dibuja posters o escribe anuncios y colócalos en carteles locales.
3. Haz folletos escritos a mano que puedas compartir con la gente.
4. Escribe un artículo y envíalo a los periódicos o revistas. Habla de tu sueño desde el punto de vista de una mente joven sobre la vida.

5. Trata de buscar lugares donde puedas escribir sobre tu sueño o hablar de él para inspirar a los demás.

6. Haz llamadas a estaciones de televisión para presentarte y hacer un reporte sobre ti o el trabajo tu sueño.

7. Imparte conferencias dirigidas a estudiantes, adultos u organizaciones dedicadas a actividades similares a tu sueño.

8. Escribe una obra con el mensaje de tu sueño y preséntala a los demás.

9. Pide ayuda e invita a que se te unan otras personas.

10. Sé un Soñador Valeroso creativo.

<u>Con el uso del Internet:</u>

1. Utiliza las redes sociales tales como WhatsApp, Facebook, Twitter, YouTube, Instagram, etc., para compartir tu mensaje e inspirar a los demás.

2. Crea un blog y escribe sobre tu sueño.

3. Crea tu sitio web manteniéndolo activo y actualizado.

4. Haz tu video acerca de los pasos a seguir para tu sueño y publícalo en YouTube.

5. Haz contactos directos en línea para conversar con la gente sobre tu sueño.

C: Comentándole a personas con ideas afines y que ya lo hayan hecho.

Puede ser un amigo, un hermano mayor o un adulto; alguien que haya hecho recientemente lo que tu deseas hacer. Por lo general a estas personas les gusta compartir la forma en que lo hicieron, también saben qué problemas necesitas tomar en cuenta. Es probable que ellos cuenten con los contactos que necesitas y conozcan el próximo paso a seguir. Hablar con ellos también te motiva a saber que puedes alcanzar tu sueño y que hay un camino a seguir. **Si ellos pudieron, también tú puedes.** Ellos son las personas más inspiradoras ya que tienen la misma visión que tú.

D: Formando grupos.

Crea un grupo de amigos que deseen algo similar y trabajen juntos. Inicia tu grupo en Internet o únete a grupos presenciales que compartan los mismos intereses para que te inspiren.

Definiendo el Lema de tu Sueño.

Vamos a examinar y a crear el lema de tu sueño con una frase corta, concisa y convincente. Creaste tu primera definicion y lema en el Paso 3, ahora es el momento de pulirlo para tener una comunicación fácil, rápida y clara.

Tu nuevo lema comunicará tu visión a los demás de forma ágil, clara y precisa. En el mundo de los negocios se le llama **"PUV, "Propuesta Unica de Venta",** la cual es muy importante.

Una de las PUV más conocidas y eficaces jamás creadas es la que Domino's Pizza utilizó hace muchos años, la cual era: "Llevamos la pizza a su casa en media hora, o es gratis". La expresión era muy clara y transformó a Domino's de un pequeño negocio a una enorme empresa. *Fuente: Domino's Pizza Wikipedia.*

Nuestra PUV es:

Global Mentor Aid es un programa de tutoría, que motiva a jóvenes alrededor del mundo a convertirse en los líderes del futuro.

Esto te dice exactamente:

Lo que hacemos,
Dónde trabajamos y,
Cuál es nuestra intención.

La PUV no está escrita sobre piedra y puede cambiar con el tiempo.

Herramienta de Práctica 1: Definiendo el lema de tu sueño.

- Comienza escribiendo un lema más largo, algo que haga sentido tanto lógica como emocionalmente.
- Hazlo más corto hasta llegar a la esencia misma de tu sueño. Por lo general hay que reescribirlo varias veces antes de que suene bien.
- Asegúrate de incluir la intención de los beneficios que tiene para ti o para las personas involucradas.

El nuevo lema de mi sueño es:

_____

_____

Escríbelo en tu **Diario del Soñador Valeroso.**

Cómo comunicar tu Sueño.

1. Comienza comunicando el nuevo lema de tu sueño a tantas personas o en tantos lugares como sea posible.
2. Una vez que sientas que esa persona se interesa por saber más sobre tu sueño, platícale la historia completa de tu sueño.

Sólo cuenta la historia completa de tu sueño a las personas que te apoyen.

Esto es importante, ya que no todo el mundo entenderá tu sueño ni querrá ayudarte.

Practica narrando la historia de tu sueño con convicción y emoción.

- Relata la historia de tu sueño sin pensar en obtener algo a cambio.
- Relata tu historia con inspiración, ya que puedes ayudar a los demás a que logren su meta.
- Sé la inspiración de los demás.
- Relata tu historia como si ya la tuvieras ahora.
- Exprésala dondequiera que pueda encajar: Sueño con… Estoy en camino a mi sueño…
- Exprésala sin apegarte a la forma o al tiempo en que sucederá.

Herramienta de Práctica 2: Envia la visualización de tu sueño en una burbuja.

 Visualiza:

- Cierra los ojos, inhala profundamente y relaja tu cuerpo.
- Visualiza que escribes el lema de tu sueño en un enorme corazón rojo.
- Toma el corazón y colócalo dentro de una enorme burbuja de jabón.
- Coloca dentro de la burbuja todas tus buenas intenciones del POR QUE deseas tu sueño.
- Con tu mente relajada, suelta la burbuja con el corazón en su interior y obsérvala flotar hacia el cielo, dirigiéndose exactamente a donde tiene que ir sin que lo controles.
- Déjala desaparecer y confía en que hallará el camino hacia cada persona que se beneficiará de ella.
- Confía en que hallará el camino hacia cada situación que necesites para que tu sueño se vuelva realidad.
- Déjala ir sin apegarte al lugar donde vaya.
- Déjala ir sin apegarte a la forma en que sucederá.
- Libérala, confía y entrégate.

Envía la burbuja de tu sueño por la mañana y antes de irte a dormir. Hazlo tantas veces como lo desees.

Resumen:

- Aprendiste a compartir tu sueño y a crear su nuevo lema.
- Visualizaste cómo enviabas la burbuja de tu sueño.

Resumen de Herramientas de Práctica:

1. Definiendo el lema de tu sueño.
2. Envia la visualización de tu sueño en una burbuja.

Lo que has hecho hasta ahora:

Paso 1: Has creado tu laboratorio de sueños.

Paso 2: Estás tomando consciencia de tus pensamientos y emociones.

Paso 3: Estás definiendo tu sueño con tiempo, dinero y salud ilimitados.

Paso 4: Estás encontrando tu intención y lo que crees o sabes sobre tu sueño.

Paso 5: Hiciste tu proyecto de manifestación para que tu sueño se realice con mayor rapidez.

Paso 6: Estás definiendo cómo compartir tu sueño utilizando su nuevo lema.

INVESTIGANDO SOBRE TÚ SUEÑO

INVESTIGANDO SOBRE TÚ SUEÑO

Crear tu sueño significa dar un paso a la vez manteniendo siempre el rumbo. Has comenzado una rutina para compartir tu sueño. Siempre habrá un lapso de tiempo entre compartirlo y el momento que vuelve hacia ti. No es posible definir el tiempo que se tomará hacerlo y tampoco puedes forzarlo. Puede ser un día, una semana, incluso meses. Todo depende del sueño que tengas.

Este no es un tiempo de espera para permanecer pasivo, sino uno muy valioso que puedes aprovechar para investigar más sobre tu sueño. Al contar con mayor conocimiento sobre lo que quieres, verás tu sueño con mayor claridad. Podrás observar que aún tienes muchas preguntas que no tomaste en cuenta cuando lo iniciaste. Al encontrar las respuestas te motivas a continuar soñando. Al llevar a cabo la investigación permitirá que tu mente se enfoque continuamente en lo que deseas.

Investiga y averigua lo más que puedas sobre tu sueño.

Mi Sueño – por María Löfkvist

"Una vez soñé con viajar alrededor del mundo. Mis intereses principales fueron las distintas religiones que hay en el mundo y cómo afectaban los sueños de la gente. También quería saber si existía algún sueño colectivo que todos tuvieran, independientemente de su país, religión, sociedad y situación política.

95

Yo sabía lo que quería y podía verlo frente a mí, pero me faltaba información. Necesitaba leer sobre todas las religiones para entender las distintas creencias. También necesitaba conocer datos de los países: cómo llegar, a dónde ir, qué se puede ver, cómo relacionarse con la gente, dónde hallar mis respuestas.

Necesitaba conocer las condiciones climatológicas, cuándo viajar a ciertas zonas, qué visa se requería, el costo de los hostales y cuánto dinero necesitaba para mis gastos diarios. Tuve que pasar mucho tiempo preparándome antes de poder viajar. Durante los preparativos estudié y tomé un trabajo de medio tiempo. Una vez que conté con la información, había terminado mis estudios y ahorrado dinero para viajar.

Hice mi sueño realidad y pude viajar a muchos países, conocí a gente hermosa y sostuve intensas conversaciones sobre la vida.

Descubrí que nuestro sueño colectivo satisface primero nuestras necesidades fundamentales y, después, desarrolla nuestro potencial interno expresándolo hacia el mundo".

Toma parte activa, pero no presiones.

Manifestar tu sueño no es sentarse y esperar a que ocurra, sino que necesitas actuar tanto como sea posible para mover la energía en dirección a tu sueño. Toma parte activa, pero no presiones. Sabemos que suena contradictorio, pero si provienes de un lugar de inspiración cuando llevas a cabo tu investigación, entonces no hay necesidad de presionar y eso no es difícil.

Recuerda, esto no es un trabajo; se trata de seguir el sueño que te hará feliz, que te motivará y llenará de energía. Debe ser fácil y divertido descubrir toda la información que necesitas.

La investigación te dará energía al grado de no poder esperar para seguir investigando. Necesitas sentirte deseoso de obtener información y queriendo averiguar más todo el tiempo.

No es un trabajo.

Si ves tu sueño como un trabajo, es probable que te estés presionando demasiado. Eso hará que la inspiración se vaya, dejándote con una mente exigente forzando los resultados. Mientras tanto, pierdes tu creatividad y te frustras porque tu sueño no se manifiesta de inmediato.

También podrías descubrir que, muy en el fondo, no tenías el suficiente interés para continuar y hacer tu sueño realidad. Tal vez te diste cuenta que no era tu verdadero sueño, que lo hiciste para hacer feliz a alguien más como tu familia, un ser querido, a tus amigos o maestros.

Asegúrate que se trate de tu propio sueño.

En ocasiones crees que quieres un sueño determinado, pero es solo cuando lo tienes en claro que te das cuenta si es lo que deseas o no. Tu sueño podrá parecer más divertido y fácil cuando lo hace otra persona y crees que también quieres lo mismo. Mientras cuentes con información limitada y tu sueño no esté muy claro, todo parecerá fácil y divertido. A medida que descubres las actividades y la energía que necesitas para hacerlo realidad, la diversión puede desaparecer.

Si has perdido tu inspiración y motivación para hacer tu sueño realidad, está bien. Mientras más pronto descubras tus verdaderas emociones, mejor. Si sientes que ya no quieres continuar, sólo comienza de nuevo, ve a tu laboratorio de sueños para crear otro sueño que sea tuyo. Créeme, muy en el fondo tienes uno.

¿Dónde puedo comenzar a investigar sobre mi sueño?

- Ve a la librería y busca libros y revistas que contengan artículos relacionados con tu sueño. Lee acerca de lo que los demás ya han hecho. No necesitas inventar algo unico, utiliza la información y las experiencias de otras personas o grupos.

- Busca imágenes relacionadas, videos y otro contenido que tenga que ver con tu sueño. Ve a la librería o explora YouTube y ve películas viejas relacionadas con tu idea. Presta atención a la forma en que ellos resolvieron sus problemas en el pasado. Toma el antiguo conocimiento y combínalo con nuevas ideas. Busca innovaciones que pueda haber entre las dos.

- Investiga si necesitas más información o instrucciónes adicionales. ¿Hay algún curso o platicas en tu comunidad a las que puedas asistir? Sé creativo para encontrar la capacitación que necesitas. Si buscas una educación en especial, informate sobre ello. Asegúrate de saber todo sobre esto para hacerlo lo más real posible.

Ejemplo: *¿Qué significa convertirse en médico? ¿Dónde trabajan? ¿Qué es lo que hacen? ¿Cuántas horas laboran? ¿Qué especialidades hay?*

- ¿Hay alguna visión legal o económica relacionada con tu sueño? ¿Necesitas abrir una empresa? Desmenuza tu sueño y busca cualquier información relevante para que tu sueño se vuelva realidad.
- ¿Requieres de permisos, licencias, seguro u otros papeles? No dudes en llamar a las autoridades gubernamentales o asesores legales para solicitar información. Para eso están ellos ahí, para responder a tus preguntas. Siempre hay organizaciones sin fines de lucro que te ayudarán, incluso para guiarte en la dirección correcta.

 Herramienta de Práctica 1:

Reflexiona sobre cómo llevar a cabo una investigación con respecto a tu sueño.

Responde a las siguientes preguntas:

- ¿En qué lugar comenzarías tu sueño?
- ¿Qué puedes hacer para llevar a cabo una investigación con respecto a tu sueño?
- ¿Qué otro conocimiento necesitas?
- ¿A quién necesitas contactar?
- Además de lo que ya has hecho, ¿dónde puedes transmitir o compartir tu sueño?
- ¿Hay algún evento local, lugar, situación en la que pueda participar?

- ¿Hay alguna persona en tu zona que esté haciendo lo mismo que tú quieres hacer?
- ¿Puedes visitar estos lugares para captar la verdadera sensación de tu sueño?

 Escríbelo en tu **Diario del Soñador Valeroso**.

Herramienta de Práctica 2: Crea un tablero de sueños.

Un tablero de sueños es una forma creativa y divertida de recordar tu sueño.

- Utiliza cualquier tablero, una hoja de papel o cartulina.
- Comienza escribiendo el Lema de tu Sueño en el centro de la hoja y con colores dibuja un círculo a su alrededor, como el enfoque principal.
- Saca recortes de revistas, periódicos o dibuja cualquier cosa que represente tu sueño y pégalos en tu tablero.
- Escribe frases inspiradoras para que recuerdes tu sueño.
- Llena toda la hoja con tu sueño.
- Mira tú tablero por las mañanas y noches para que recuerdes que tu sueño ahora está en camino hacia ti.

<u>Para crear tu "Tablero de Sueños" en línea, busca lo siguiente:</u>

- Aplicaciones de Tableros para teléfonos móviles
- Creadores de *"Tablero de Sueños"* en línea
- Elabora un tablero para tenerlo como imagen en el escritorio de tu computadora o teléfono.

Resumen:

- Hiciste una reflexión sobre dónde y cómo puedes llevar a cabo una investigación con respecto a tu sueño mientras esperas a que regrese a ti.
- Elaboraste un tablero de sueños para que recuerdes que tu sueño está en camino.

Resumen de Herramientas de Práctica:

1. Reflexiona sobre cómo llevar a cabo una investigación con respecto a tu sueño.
2. Crea un tablero de sueños.

Lo que has hecho hasta ahora:

Paso 1: Has creado tu laboratorio de sueños.

Paso 2: Estás tomando consciencia de tus pensamientos y emociones.

Paso 3: Estás definiendo tu sueño con tiempo, dinero y salud ilimitados.

Paso 4: Estás encontrando tu intención y lo que crees o sabes sobre tu sueño.

Paso 5: Hiciste tu proyecto de manifestación para que tu sueño se realice con mayor rapidez.

Paso 6: Estás definiendo cómo compartir tu sueño utilizando su nuevo lema.

Paso 7: Estás haciendo una reflexión de ideas para saber cómo y dónde puedes investigar sobre tu sueño.

PASO 8

BUSCA LAS SEÑALES

Busca las Señales

Comienza buscando las señales de tu sueño a medida que vayan regresando a ti.

¿Cuáles señales?

Transmitiste tu sueño con una intención firme (el por qué) que sirve para atraerlo, por lo que regresará a ti por medio de señales. Estas son como mensajes ocultos que solo tú podrás ver, sentir y percibir. Tendrás que tomar el papel de detective para comenzar a encontrarlas y a entenderlas; con la práctica, te volverás un experto.

Es gratificante poder entrenarte a ti mismo para reconocer, ver y sentir las señales, sobre todo porque te llevarán a tomar el siguiente paso hacia tu sueño. Las señales pueden llegar en diferentes formas. Debes mantenerte abierto, receptivo y curioso para poder verlas y percibirlas. Aunque nunca se sabe cómo aparecerán, por lo regular existen tres elementos:

Inspiración, Intuición y Sincronía

Inspiración

La Inspiración es una señal que realzará la motivación de tu sueño. Esta llega con una sensación de: "Si, se siente divertido, bien y correcto". Se siente ligero y alegre y querrás más.

Siempre haz lo que te motive primero.

Digamos que tienes una lista de cosas por hacer tales como trabajar, estudiar, cocinar, lavar la ropa, limpiar tu habitación, ejercitarte y trabajar en tu sueño. Sabes que necesitas hacerlo todo pero puedes elegir el orden en que lo realizarás. Comienza siempre con lo que más te motive. Tal vez creas que no podrás moverte para hacer limpieza profunda, pero lo haces. Cuando de alguna manera te das permiso de seguir lo que te inspira, lo haces todo y es igual de fácil como es divertido.

Comienza prestando atención diariamente en donde se encuentra tu inspiración. Después toma consciencia de lo que te motiva en relación a tu sueño, que suele ser una señal de que tu sueño está regresando hacia ti.

A qué se asemejan las señales:

- Ves a una persona en la calle y te recuerda a alguien que tienes que contactar.
- Tienes pensamientos recurrentes sobre ir a algún lugar, buscar algo o hablar con alguien.
- Lees un cartel, ves una película o comercial que te da la respuesta sobre el siguiente paso a tomar hacia tu sueño.
- Se aparece alguien inesperado hablando sobre un sueño similar, dándote la respuesta a tus preguntas.
- Si ves a la misma persona presentándose en varios lugares, es bueno hablar con ella.
- Lees en un libro sobre un tema que te recuerda tu sueño.
- Sueñas durante la noche algo que te da un mensaje sobre qué hacer.
- Tienes un recuerdo del pasado que te recuerda tu sueño.
- Escucha bien la información que pueda surgir con respecto a tu sueño en todas las conversaciones.

Cuando tienes una fuerte sensación que te motiva a actuar, por lo regular se trata de una señal.

La Intuición es ver con el Alma

Dean Koontz

"Cuando el alumno está listo, aparece el maestro".
Buddha

Señales claras, por Mats Löfkvist

"Hace poco tiempo mi madre me recordó que desde que era pequeño, yo hablaba de vivir en una isla en el Pacífico Sur. Por mucho tiempo lo olvidé por completo y, décadas después, mientras viajaba por el mundo, llegué a la isla de Samoa en el Pacífico Sur. Al descender del avión y sentir el aire cálido y húmedo impregnado con la fragancia del trópico, supe que ese era mi hogar. No sabía nada sobre la isla, pero mi corazón sintió paz y felicidad.

Mientras recorría la isla como turista, me preguntaba constantemente: "¿Dónde está mi familia?" Cuatro días antes de irme me presentaron a una joven y bella dama Samoana. De inmediato supe en mi corazón que había sucedido: había encontrado a mi esposa, mis orígenes y a mi familia del alma".

Intuición

El dicho "Cuando el alumno está listo, aparece el maestro", es un ejemplo útil de lo que son las señales. Estas no siempre llegan como lo esperas o en el momento que tú quieres. Ya que como dice el dicho anterior, tu eres el estudiante, debes prepararte para que aparezca el maestro y la forma de hacerlo es aprendiendo a escuchar tu interior. Escucha a tu intuición. Mientras más estés en contacto con tu voz interior y sientas lo que es correcto, más te darás cuenta de las señales. Esa es la forma en que recibes al maestro.

Tu intuición es tu guía interna.
Tu intuición te indicará lo que es bueno o no para ti. Sirve como una brújula interior que te mantiene en el rumbo correcto. Tu intuición se comunica de diferentes formas: una corazonada, una nueva idea, una sensación de que algo está bien, es fácil, claro y alegre. Te da la sensación de expansión y fluidez, así como de saber que vas en la dirección correcta. Cuando sientes una fuerte incomodes o dolor en el estómago, entonces tu intuición te dice que algo no es bueno para ti.

Recuerda tener cuidado de no confundir esta simple sensación con las acciones que tomarás. No porque esa sensación haya llegado de forma fácil significa que lo que tengas que hacer será fácil. Tu intuición te indicará el rumbo en el cual necesitas tomar acción. Si sigues a tu guía interno, alcanzarás más pronto tu meta.

Estas son algunas de las formas sutiles que tu intuición utiliza para comunicarse:

- Sientes como si hay que llevar un paraguas, aunque esté brillando el sol.
- Sientes la urgencia de ir a algún lado sin saber por qué.
- Sientes la necesidad de llamarle a alguien sin saber el motivo.
- Hay una idea saltando constantemente en tu cabeza.

Busca las Señales... Sigue a tu Intuición

Programa a tu mente para que encuentre las señales en todas partes, entonces comenzarás a verlas con mayor rapidez.

Sincronía

Eres parte de un gran rompecabezas llamado vida, uno que no tiene un final aparente. Este se mueve a su manera y por lo general no entendemos cómo o por qué. Imagina las posibilidades que tienes como incontables y coloridas piezas del rompecabezas de tu vida que flotan a tu alrededor. Ya que las piezas abundan, no sabes con exactitud cómo y cuándo caerán para crear tu vida. Cuando una pieza cae (una señal), necesitas estar listo para ver cómo encajan haciendo lo siguiente:

- Sentir el flujo de tu inspiración.
- Hacer uso de tu intuición para saber en tu interior qué es bueno para ti o no.
- Utilizar la sincronía como un guía para indicarte si estás en el camino correcto o no.

La Sincronía se revela en los eventos que te suceden, eventos que de ninguna manera podrías crear tú mismo:

- Ves a un amigo que no habías visto en muchos años.
- Recibes dinero de forma inesperada y justo en el momento que lo necesitas.
- Llegas tarde al trabajo, solo para enterarte que eso te salvo de un accidente.

Los sucesos creados por la sincronía son situaciones que no puedes prever, en los que no tienes voz o control. Son parte de tu gran rompecabezas de vida y depende de ti averiguar cómo encajan en ella.

La vida es una Paradoja.

Una paradoja quiere decir que dos o más condiciones ocurren al mismo tiempo con una naturaleza contradictoria. La paradoja aquí es que por más que intentes crear tu sueño, no estás en control del resultado. No siempre eres responsable de tener voz en todo lo que te sucede en la vida. Existen situaciones que no puedes controlar y tampoco las creaste tú. Una vez que lo sabes, te quita una gran carga de sentimientos de culpa al creer que tú eres responsable si te ocurre una tragedia. Cuando tengas la opción de actuar, haz uso de tu intuición para saber qué acción tomar. Si puedes hacer algo sobre tu situación, bien.

Si no, déjalo ir; fluye y acepta lo que es.

¡Acepta lo que Es!
Fluye con la corriente...

No todo es una señal.

No todo lo que ves es una señal para ti. Si comienzas a ver demasiadas señales en todas partes, no las puedes seguir todas. Haz uso de tu intuición para tener claridad: "¿Se siente bien y satisfactorio en el interior?"

Las Señales NO se sienten de la siguiente manera:

- Las señales no te forzan.
- No crean urgencia.
- No crean necesidad o codicia.
- Nunca contienen culpa o reproche.

Si sientes estas emociones en tu interior, no se trata de una señal.

A veces queremos que algo sea una señal con tal desesperación que nuestras emociones se descontrolan y la mente lo crea, sobre todo si buscas el amor. Puedes tomar una linda sonrisa como una señal cuando, en realidad, la persona le sonríe a todos. Haz uso de tu intuición para notar la diferencia. Toma una respiración profunda y presta atención a las emociones dentro de ti. Si te sientes confundido y no sabes qué hacer, entonces como los maestros haz lo siguiente:

"Si no sabes qué hacer, no hagas nada. Consúltalo con la almohada".

Tomarse un descanso es una buena forma de calmar tus emociones. Consultarlo con la almohada al menos por una noche también ayuda. Al día siguiente, haz una revisión de lo que te motiva así como de tu intuición, entonces sabrás si se trataba de una señal o no.

Herramienta de Práctica 1: **Las Señales del Día**

Siéntate, relájate y respira profundamente.

Repasa en tu mente todo lo ocurrido durante el día.

Comienza por el momento en el que te despiertas y continúa buscando señales durante el día. No te limites sólo a tu rutina diaria; busca señales en conversaciones, acciones, gente que conozcas, motivaciones, pensamientos o ideas que recuerdes.

 Considera cada posible señal sobre tu sueño y anótala en tu Diario del Soñador Valeroso.

Anota en tu Diario del Soñador Valeroso las respuestas a lo siguiente:

- ¿Qué es lo que hoy me inspiró?
- ¿Qué me dijo mi intuición sobre mi sueño?
- ¿Qué sincronías surgieron hoy?
- Consultarlo con la almohada. Si al día siguiente tienes la misma inspiración, continúa con ello.

Resumen:

- Reconoces qué son las señales y cómo pueden ser.
- Aprendiste sobre lo que es tu inspiración, intuición y sincronía.
- Sabes qué sensaciones no deben transmitir las señales.

 Resumen de Ejercicios:

1. Las señales del día.

 Lo que has hecho hasta ahora:

Paso 1: Has creado tu laboratorio de sueños.

Paso 2: Estás tomando consciencia de tus pensamientos y emociones.

Paso 3: Estás definiendo tu sueño con tiempo, dinero y salud ilimitados.

Paso 4: Estás encontrando tu intención y lo que crees o sabes sobre tu sueño.

Paso 5: Hiciste tu proyecto de manifestación para que tu sueño se realice con mayor rapidez.

Paso 6: Estás definiendo cómo compartir tu sueño utilizando su nuevo lema.

Paso 7: Estás haciendo una reflexión de ideas para saber cómo y dónde puedes investigar sobre tu sueño.

Paso 8: Reconoces las señales por medio de tu inspiración, intuición y sincronía.

ACTUANDO SOBRE LAS SEÑALES

ACTUANDO SOBRE LAS SEÑALES

Por fin es tiempo de actuar sobre las señales. Hasta ahora has hecho mucha tarea y has trabajado en ti mismo. Ahora estás listo para comenzar a mostrar tu sueño al mundo.

- Tienes claro lo que quieres.
- Lo has definido y creaste un lema.
- No sólo crees en tu sueño, sino también sabes que ya lo tienes.
- Investigaste sobre él.
- Lo compartiste de varias maneras.
- Ves y sientes las señales regresando hacia ti.

¡Estás listo para actuar!

¿Tienes miedo de Actuar?

El actuar puede parecer intimidante. Tal vez pienses que aún no cuentas con la información suficiente sobre tu sueño, estés esperando a aprender más cosas o no sabes si has investigado lo suficiente. Puedes tener miedo de acercarte a una persona que sabes que necesitas contactar. Te sientes seguro donde te encuentras e inseguro afuera en lo desconocido.

Es perfectamente normal sentirse así. Has estado preparando todo esto y ahora, de repente, necesitas salir y hacer tu sueño realidad. Es momento de conectar con tu inspiración interior a fondo para hacerla más fuerte que tu temor. Ahora necesitas ser el **Soñador Valeroso**.

"No esperes, nunca llegará el momento adecuado"
- Napoleon Hill

No esperes a que la situación o el momento perfecto llegue, o a que tú seas perfecto ya que esto no sucederá. Nadie es perfecto, así que no te presiones. Siempre habrá muchas cosas más que puedas hacer y aprender para prepararte, pero por el momento es suficiente, así que no permitas que eso te detenga. **¡Estás listo para actuar AHORA!**

¿Cual acción debo tomar?

La acción que tomes depende de las señales que hayan regresado a ti. Recuerda que necesitas ir de tu interior hacia afuera, es decir, hacer uso de tus recursos internos (tu inspiración e intuición), para saber qué acción tomar.

Lo importante es dar el primer paso.
El valor para superar un miedo pequeño
te dará el ánimo para afrontar el siguiente...

Daisaku Ikeda

Si cuentas con muchas señales y no sabes con cuál actuar primero, sigue a tu inspiración. Medita sobre cada señal y siente el nivel de inspiración que te da. Cualquier señal que se **conecte más con tu corazón** y no con tu cabeza, esa es con la que necesitas actuar.

¡Elige cómo Actuar!

Utiliza tu mente para aportar ideas: ¿cómo puedes actuar sobre tus señales de inspiración?

Por ejemplo: Si sentiste una fuerte necesidad de hablar con una persona, entonces piensa en la mejor forma de aproximarte a ella.

Tal vez hablar directamente con ella, programar una cita, escribirle una carta o llamarla por teléfono. Deja que la creatividad de tu mente elija lo que parezca adecuado en ese momento. Después, no lo pienses mucho. **Actúa, sólo hazlo**.

- Programa una cita con esa persona.
- Haz esa llamada.
- Asiste a esa reunión.
- Escribe esa carta.
- Sólo habla directamente de forma espontánea.
- Sigue a tu inspiración.
- **¡Sólo hazlo!**

Herramienta de Práctica 1: **Define qué Acción Tomar.**

Visualiza:

- Siéntate, respira profundo y relájate.
- Comienza revisando en tu mente todo lo sucedido durante el día.
- Haz el ejercicio "*Señales del día*" que está en el Paso 8.
- Haz una lista de todas las señales que han regresado a ti.
- Presta atención al nivel de inspiración que te brinda cada una de las señales.
- Escribe cómo actuarás sobre cada señal. Comienza con la que sientas una mayor inspiración.
- Consúltalo con la almohada. Si al día siguiente tienes la misma inspiración, asegúrate de seguirla.
- Actualiza tu **Proyecto de Manifestación** con tu nuevo plan de acción (Paso 5).

Anótalo en tu **Diario del Soñador Valeroso**.

**"Nuestra mayor gloria no está en no haber caído nunca,
sino en levantarnos cada vez que caemos".**
- Confucio

¿Fallarás? NO, pero podrás caer.

No puedes fallar nunca, solo puedes aprender. No hay nada a lo que se le llame fallar, pero puedes caer. Si lo haces, te levantas, analizas la situación y aprendes de ella. Tanto caer como triunfar son bendiciones. En ocasiones caer es mejor maestro que triunfar, así que nunca veas el caer como algo negativo, en realidad está ahí para ayudarte.

Todos aprendimos a caminar cuando éramos niños. Cuando caías, ¿acaso no te levantabas e intentabas dar otro paso? No se trata de cuántas veces caigas; lo que importa es cuántas veces te levantes y continúes tu misión. Necesitas echar a andar tu sueño con determinación y reconocer que las dudas o las caídas no significan fracasar.

Si obtienes un **"no"** como respuesta, no se trata de un fracaso…es ayuda. Esto te hace reflexionar sobre lo que **no** hay que hacer. Un "no" sólo significa que no es el momento, la persona o la situación correcta. También indica que el tiempo, la persona o las circunstancias **"correctas"** para tu sueño están aún por llegar.

Al parecer, Thomas Edison cayó 10,000 veces antes de que su creación de la bombilla eléctrica tuviera éxito. ¡Si! Da miedo actuar, pero debes tener valor y hacerlo de todas maneras.

*"No he fallado, simplemente he encontrado
10,000 formas que no funcionan".*
-*Thomas Edison*

No tomes las cosas como algo personal.

Cuando permites que surjan tus emociones personales de resistencia, inseguridad y temor, eso te impedirá dar el siguiente paso. Cuando sientes resistencia, es fácil creer que estás haciendo algo mal. No tomes nada personal. Haz lo mejor que puedas y sigue adelante para actuar. Si caes, ponte de pie otra vez y continúa. Cuando veas buenos resultados provenientes de tus acciones, saldrás del miedo y te darás cuenta que tú no eras el problema.

Acepta que tienes miedo y aun así, hazlo.

Tendrás resistencia, miedo e inseguridad…todo es normal. No puedes vencer o borrar esos miedos; no se irán, por eso lucharlos es inútil. Sólo desperdiciarás tu energía y te volverás más inseguro pensando que necesitas ser más audaz. Sólo acepta que tienes temores, obsérvalos y haz las paces con ellos. No los analices demasiado. Si has hecho tu tarea, sólo actúa; sé valiente y hazlo.

 Herramienta de Práctica 2: Qué hacer cuando no puedes salir de tus miedos.

- Regresa al Paso 2 y trabaja con las emociones para resolver el miedo.
- Anota todos los miedos que tengas.
- Observa cada uno, como si fuera un niño pequeño que quiere atención.
- Familiarízate con cada uno de ellos, abrázalos, acéptalos y ámalos.
- Decídete a actuar.
- Dile a cada miedo que actuarás a pesar de todo y que tienen que apoyarte.
- Reconoce tus miedos en caso de que surjan cuando estés actuando:

"Oh, este es mi pequeño temor al fracaso". Abrácelo y ámalo, no le preste más atención.

Confía en Ti.

Lo que queremos decirte es que tengas una gran parte de confianza. Si, confía en ti. Has hecho una gran conexión interior, ahora sientes lo que te inspira y confías en tu intuición. Actúa y haz uso de tu intuición como una guía para lo que tienes que hacer. Puedes estar seguro que cuando tomes el primer paso, el siguiente llegará a ti. Cuando avances un paso, no permanecerás por siempre en una sola pierna; el siguiente aparecerá pero debes dar el primero y confiar.

Resumen:

- Aprendiste cómo actuar con respecto a tu sueño.
- Sabes qué hacer cuando surgen los miedos
- Actualizaste tu "Proyecto de Manifestación" con pasos a seguir ahora.

Resumen de Herramientas de Práctica:

1. Define qué acción tomar.
2. Qué hacer cuando no puedes salir de tus miedos.

Lo que has hecho hasta ahora:

Paso 1: Has creado tu laboratorio de sueños.

Paso 2: Estás tomando consciencia de tus pensamientos y emociones.

Paso 3: Estás definiendo tu sueño con tiempo, dinero y salud ilimitados.

Paso 4: Estás encontrando tu intención y lo que crees o sabes sobre tu sueño.

Paso 5: Hiciste tu proyecto de manifestación para que tu sueño se realice con mayor rapidez.

Paso 6: Estás definiendo cómo compartir tu sueño utilizando su nuevo lema.

Paso 7: Estás haciendo una reflexión de ideas para saber cómo y dónde puedes investigar sobre tu sueño.

Paso 8: Reconoces las señales por medio de tu inspiración, intuición y sincronía.

Paso 9: Actuaste con respecto a tu sueño y sabes que no puedes fallar, sólo caer.

PASO 10
ACEPTACIÓN

ACEPTACIÓN

Reconocemos sinceramente que tienes el valor suficiente como para seguir adelante con cada paso en la creación de tu sueño. Vas bien rumbo a la construcción de tu futuro.

Recuerda, eres Único.

Sólo existe un solo tú. Es por eso que en ocasiones sientes que eres diferente a los demás, porque eres especial, el único tú. Estás aquí para expresar que eres extraordinario. Muestra a la gente quién eres y deja que otros disfruten de tu don especial.

Cuando vives tu sueño, estás mostrando tu don personal y lo compartes con los demás. Si alguien en tu vida te dijo que no eres único, es porque no pudieron ver tu verdadero ser.

Es posible que el problema sea que **TU** no puedas verte a ti mismo, tu verdadero **SER**. Cuando por fin ves y aceptas tu originalidad, entonces te aceptarás y te amarás tal como eres. El aceptar a otras personas, situaciones y circunstancias comienza contigo mismo. Sólo aceptándote y amándote por completo podrás amar y aceptar a los demás.

Por último, serás más tolerante y amoroso con todo y todos los que te rodean. Claro que nadie es perfectos y todos hacemos cosas in-perfectas en la vida; igual tú y eso está bien.

Aceptarte y amarte es el camino para aceptar y amar a los demás.

Aceptación no significa aferrarse a gente o situaciones que te dañan o que no sirven a tu propósito en la vida. A veces permitimos que ciertas condiciones sucedan a nuestro alrededor, creyendo que somos víctimas de las circunstancias y que no podemos cambiar nuestras decisiones.

Tú tienes el poder de cambiar **TUS** elecciones, pero no las de otras personas. Es importante ver lo que sucede debajo de la superficie con tu mirada interna, tus emociones e intuición, y tomar decisiones conscientes en la vida.

Si puedes, cambia la situación; de lo contrario, acéptala y déjala ir.

Aceptar lo que es.
Cuando aceptas las situaciones y a las personas tal y como son, sobre todo a ti mismo, te darás permiso de aprender lecciones valiosas que pueden cambiar el futuro tanto para ti como para los demás. Al aceptar, dejarás que la vida eche a andar su magia de una forma que no siempre entenderás por la lógica.

Recuerda, no puedes cambiar el pasado y no puedes controlar el futuro. En realidad, no tienes control de nada en absoluto por encima de **tu decisión en el momento presente**.

Todo lo que tienes es una decisión en el momento presente.

No todo debe cambiar.

Cuando ves que una situación se aproxima hacia una dirección no deseada, eso puede producir un alto nivel de miedo, tensión y frustración. El instinto natural es actuar para evitar que suceda.

Algunos ejemplos podrían ser:

- Hiciste lo mejor posible pero no obtuviste las calificaciones para entrar a la escuela o a ese empleo perfecto.
- No pudiste pagar un préstamo bancario.
- Te diste cuenta que tu compañero nunca cambiará, independientemente de lo que tú hagas.

Cuando has tomado todos los pasos posibles para evitar un resultado no deseado y aun así sucede, hay que aprender algunas lecciones. Analizaste todos los ángulos posibles de la situación, pero no lograste solucionarla. Al final, llega un punto en el que necesitas **aceptar lo que es** y rendirte pues no puedes cambiarlo. Realmente no se puede cambiar.

En ocasiones debes permitir que tus amigos, familia o compañero cometan errores, los cuales son fundamentales para su aprendizaje en la vida. Muchas personas sólo aprenden de sus errores, independientemente de lo que tú les digas. No interfieras con lecciones que pueden ser muy importantes para ellos.

Por lo regular ocurren incidentes para hacerte consciente que hay otras soluciones o trayectorias que te conducirán al camino correcto en tu situación actual. Resistirse a estos incidentes significa resistirse al progreso que la vida te ofrece. En realidad, cualquier cosa que se te presente independientemente de que la consideres buena o mala, siempre surge para ayudarte a avanzar. Así que, al final, todo es bueno.

Acepta lo que es y dale la posibilidad a la vida para darte lo que tiene que ser. Podría ser algo totalmente diferente de lo que esperabas. Estas oportunidades llegan una vez en la vida para que sueltes tu apego a cambiar la situación.

¡Si! Llegará por sí mismo,
sólo primero tienes que ser valiente para dejarlo ir.

Aceptación y Sincronía, por Mats Löfkvist

Después de terminar mi carrera naval de cuatro años en Suecia, decidí seguir mi sueño que era navegar alrededor del mundo. Encontré en un anuncio en el periódico a un grupo de personas que construían un yate para navegar por el mundo. Me hice parte del equipo, lo cual era perfecto para mí ya que aprendí todo lo relacionado con la construcción de barcos. Sin embargo, se tomó más de un año terminar el yate…el doble del tiempo estimado.

Poco después de Navidad y con un clima congelante, navegamos de Suecia a Dinamarca, soñando con la llegada del cálido y hermoso clima que se aproximaba. El invierno empeoró y el mar se congeló, haciendo imposible que continuáramos. Quedamos varados durante el resto del invierno. Me sentí decepcionado, un sueño destruido, pero necesitaba aceptar la situación tal como era. Decidí regresar a Suecia, así que compré un boleto para ir a un lugar cálido y esperar a ver qué sucedía.

En el tren de regreso a Suecia hablé con una chica que me comentó acerca de una empresa Suecia, propietaria de yates de lujo en alquiler en el Caribe. Al llegar, contacté de inmediato a la empresa y en ese momento estaban en busca de tripulación para sus embarcaciones. Dos semanas después me encontraba en el Caribe haciendo exactamente lo que había soñado. Este fue el comienzo de muchos años trabajando como capitán de diferentes yates y cruzando el Océano Atlántico diez veces.

Herramienta de Ejercicios 1: Una prueba para determinar si cambias o no tu situación.

Piensa en una situación que desees cambiar. Considera cuidadosamente cada ángulo de la misma antes de intentar cambiar cualquier cosa:

- Analiza el motivo del POR QUE quieres crear un cambio.
- Analiza lo peor que pudiera ocurrir si aceptas la situación.
- Analiza lo mejor que pudiera ocurrir si aceptas la situación.
- En caso de no cambiar la situación actual, busca la lección que pudieras aprender de ella.
- ¿Reconoces la situación actual como algo recurrente en tu vida? ¿Ha ocurrido algo similar antes?
- Checa si es posible cambiar la situación en la que te encuentras. ¿Gastas tu energía resistiéndote a algo que no debe cambiar?

Busca las respuestas más sinceras y has uso de tu intuición para decidir si cambias o aceptas la situación. Anota las respuestas en tu **Diario del Soñador Valeroso**.

Acepta lo que es y sé feliz ahora.

No esperes a que llegue una ocasión especial, circunstancia o amor condicionado para ser feliz. Estarías desperdiciando tu tiempo…**se feliz ahora**. Si no lo eres, no lo serás cuando hayas logrado tu sueño. La verdadera felicidad proviene del interior, no de afuera. La felicidad no es un destino, es algo indispensable que necesitas para tu viaje.

Te has dicho:

- Seré feliz cuando consiga ese nuevo empleo.
- Seré feliz cuando tenga una nueva casa.
- Seré feliz cuando encuentre al amor perfecto.
- Seré feliz cuando tenga más tiempo.
- Seré feliz cuando tenga más dinero.

La verdad es que todo lo externo (afuera de ti) sólo te hará feliz por un breve tiempo. Tan pronto como lo tengas, habrá algo nuevo que desees. Es un ciclo interminable que sólo se detendrá al encontrar la felicidad duradera desde el interior.

Cuando eres feliz por dentro, sueltas tu apego a lo que deseas sin importar si lo tienes o no. Una vez que logras este estado de aceptación y de felicidad interior, la fuerza creativa se esfuerza para darte todo lo que deseas.

Si, suena al revés, pero así es como funciona.
- Sé feliz ahora de manera auténtica con el empleo que tienes.
- Siéntete agradecido y feliz por la casa en la que vives en este momento.
- Espera a ese gran compañero romántico, pero sé feliz con la vida que tienes actualmente.
- Siéntete satisfecho con el dinero que ahora tienes y seguro de que hay más en camino.

¡Amate a Ti Mismo!

Toda la experiencia de amarte a ti mismo sucede dentro de ti.
Independientemente del lugar donde te encuentres, de quién eres, de lo que has hecho en tu vida y de lo que creas, *amarte a ti mismo es el regalo más grande de todos.*

Puedes estar tan ocupado que no te des tiempo para hacer una pausa y recibir amor. Quizá estés dando vueltas creyendo que el amor es algo que tiene que llegar a ti, o que sólo es posible que alguien más te lo exprese. Quizá hayas aprendido que el amor es condicionado y que necesita expresarse de una manera en particular, de lo contrario no es amor.

Amarte a ti mismo es un estado interior y no depende de sucesos externos o de la gente. Cuando sientes amor y aceptación por ti mismo, te abres para recibir la energía del amor que te rodea. Comienzas a centrarte en el amor en lugar del miedo.

El amor no es una emoción que sientes por azar. Si, quizá enamorarse de alguien sea así, pero sentir amor es una experiencia interior muy aparte de las circunstancias externas. Es por eso que aprender a amarte es el regalo más grande de todos.

Mientras más te ames, recibirás y darás más amor.
Tu eres tu propio indicador de cuánto amor recibirás en la vida. Re-enfoca tu atención desde tu mente hacia el corazón. Abre tu corazón y tus emociones de forma consciente y permanece dispuesto para recibir amor. Ábrete para ver dondequiera el amor con tus ojos, percibirlo con tus sentidos, olerlo, saborearlo en cualquier cosa que lleves a tu boca. Escucha al amor en la música y exprésalo con tus palabras.

Mientras más te ames, más pronto manifestarás tu sueño
pues te sentirás merecedor de recibirlo.

Si no es ahora, ¿entonces cuándo?

¿Cuándo te amarás y recibirás amor en tu vida?

- ¿Después, cuando seas esa persona perfecta que se lo merezca?
- ¿Cuando tengas más dinero o mejores calificaciones?
- ¿Cuando tengas las posesiones materiales que parecen importantes?
- ¿Una vez que hayas resuelto tus situaciones de la infancia y liberado el dolor?
- ¿Cuando hayas conocido a tu compañero ideal?
- ¿Cuando por fin alguien reconozca el arduo trabajo que has hecho?

Cualesquiera que sean tus pensamientos o emociones, la forma más rápida para manifestar tu sueño y ser feliz radica en tu capacidad para *"Amarte y aceptar lo que es"*.

Comienza a practicar AHORA.

¡Si! Necesitas practicar porque aún no has recibido tu sueño. Aprovecha la oportunidad de practicar en este instante y en toda oportunidad que se te presente.

- **Ahora es el momento** para recibir los eventos felices que desea tu corazón.
- **Ahora es el momento** de aceptarte y abrirte para recibir amor.
- **Ahora es el momento** para aceptar lo que es.
- **Ahora es el momento** para ser feliz.

¿Estás solo leyendo esto o puedes sentirlo en tu interior?

Si solo lo lees en tu mente, serán tan sólo palabras. Detente, llévalo a tu corazón y siéntelo.

- Acéptate, ve cómo eres especial.
- Amate tal cual eres.
- Sé feliz y acepta lo que ahora es.

Recuerda que, hasta ahora, has podido manejar cada situación que ha sucedido en tu vida de forma exitosa y también lo harás con cualquier otra futura situación. No tengas miedo, acepta lo que es.

- Deja ir del miedo y confía en el futuro.
- Acepta las circunstancias y a la gente por lo que son.
- Piensa en cada situación y cámbiala si sientes que puedes hacerlo.
- Si no puedes cambiarla, entonces no se debe cambiar.
- Déjala ir y acepta lo que es.

Amate por quien eres y sé feliz en cualquier situación en la que te encuentres. Comprende que la vida te ha dado esta oportunidad para evolucionar en algo más grande. Puede no parecerlo cuando te encuentras en medio de la situación.

Amate y sabe que vas en la dirección correcta.
La pregunta es: ¿escuchas lo que tu corazón y tu intuición te dicen?

 Resumen:

- Aprendiste la importancia de aceptarte tal y como eres.
- Aprendiste que no todo se debe cambiar.
- Sabes que la felicidad y la realización proviene del interior.
- Entiendes que amarte a ti mismo es el regalo más grande de todos.

 Resumen de Ejercicios:

1. Una prueba para determinar si cambias o no tu situación.

Lo que has hecho hasta ahora:

Paso 1: Has creado tu laboratorio de sueños.

Paso 2: Estás tomando consciencia de tus pensamientos y emociones.

Paso 3: Estás definiendo tu sueño con tiempo, dinero y salud ilimitados.

Paso 4: Estás encontrando tu intención y lo que crees o sabes sobre tu sueño.

Paso 5: Hiciste tu proyecto de manifestación para que tu sueño se realice con mayor rapidez.

Paso 6: Estás definiendo cómo compartir tu sueño utilizando su nuevo lema.

Paso 7: Estás haciendo una reflexión de ideas para saber cómo y dónde puedes investigar sobre tu sueño.

Paso 8: Reconoces las señales por medio de tu inspiración, intuición y sincronía.

Paso 9: Actuaste con respecto a tu sueño y sabes que no puedes fallar, sólo caer.

Paso 10: Estás aceptando en la vida lo que es, en el entendido de que la felicidad y el amor son un trabajo interno.

TEN PACIENCIA Y CONFÍA

TEN PACIENCIA Y CONFÍA

Relájate, confía y ten paciencia

No estás solo.

Queremos decirte que este es un viaje real y los pasos de la creación aplican para todos. No estás solo y sabemos lo que estás enfrentando.

En cuanto a la transcripción de este libro, nosotros personalmente hemos recorrido cada paso de creación para llegar a este capítulo. Tal como tú, estamos trabajando para manifestar nuestro sueño y TU eres nuestro sueño.

Nuestra historia:

"Mats y yo (María) no nos habíamos visto más que una vez cada cuatro años y no nos manteníamos en contacto. Mats había estado viviendo en Samoa, una isla ubicada en el Pacífico Sur, y yo en México durante los últimos veinte años. Nos encontramos en Suecia en una reunión familiar, caminamos juntos por el bosque y nos dimos cuenta que teníamos un sueño en común. Habíamos estado viviendo vidas muy diferentes de la mayoría de la gente. Los principales factores para ambos eran que habíamos sido muy valientes y los dos trabajamos con nuestras emociones y pensamientos para lograr mejor consciencia personal.

Ambos teníamos un profundo deseo de entregar este conocimiento a los jóvenes. Pensamos que, de haber tenido acceso a esta información por medio de un manual que nos guiara paso a paso a través del proceso de creación cuando éramos jóvenes, hubiéramos cometido menos errores en la vida. Esta inspiración dio inicio a la intención de nuestro sueño, compartir nuestras experiencias mediante un curso en línea y un libro.

A pesar de saber lo que queríamos, nos tomó mucho tiempo tener totalmente claro nuestro sueño, lo cual por cierto es la parte más difícil. Tuvimos que pasar por todos nuestros pensamientos, emociones y miedos antes de poder definir lo que estábamos haciendo y en que forma expresarlo.

Ser valiente no significa que no tengas miedos. Todos los tenemos, en particular cuando hubo un largo intervalo de tiempo en el que no ocurrió nada entre la transmisión de nuestro sueño y su retorno hacia nosotros. Teníamos empleos de medio tiempo para que alcanzara el dinero. Nos dimos cuenta que mientras más trabajábamos en nuestros miedos a medida que estos aparecían, más rápido fluía el proyecto.

Lo interesante fue que no teníamos miedo cuando iniciamos el proyecto. A medida que continuábamos, surgieron toda clase de temores ilusorios, pero siempre estuvimos dispuestos a revisar de nuevo el segundo paso para ejercitar nuestros pensamientos y emociones. Paso a paso pudimos liberar los miedos y emociones negativas para avanzar.

El hecho de que ahora estés leyendo este libro hace que nuestro sueño sea realidad. La forma como utilizas este conocimiento te reduce el tiempo y la dificultad para lograr lo que deseas. No es un viaje fácil para alcanzar tu sueño pero cuando sientes el llamado para hacer algo, no importa qué tan difícil es o cuánto tiempo se tome, sólo no te rindas.

Nosotros estamos logrando nuestro sueño cuando te ayudamos a alcanzar el tuyo, así que no te rindas, no renuncies a tu sueño o pienses que algo es imposible. Sólo tú puedes crear tu vida y tu sueño. No esperes a que alguien lo haga por ti porque terminarás esperando en el mismo lugar.

Así como lo hicimos nosotros, tienes que saltar las olas tal como vienen. Debes confiar en ti mismo y en tu sueño, convencido de que todo es posible. Recuerda: nunca fallas, sólo caes. Después te levantas de nuevo, analizas y continúas".

Confía en tu Proceso.

En este punto de tu proceso, relájate y suelta toda tensión provocada al intentar dirigir y controlar tú sueño. Sólo déjalo ir y confía.

Si, sabemos que suena contradictorio, pero así es.

- Primero debes dejar totalmente en claro tu sueño con todos los pasos.
- Posteriormente necesitas hacerlo a un lado y aferrarte a la intención sin forzarla.
- Confía en que mientras sostengas una visión e intención clara de tu sueño, la energía que envíes regresará a ti en el momento y de la manera perfecto.
- Confía en que tienes la capacidad de reconocer tu sueño cuando éste llegue.
- Ten fe en que se desenvolverá de manera perfecta.

Suena a demasiada confianza, por eso
que tienes que ser valiente.
Debes entregárselo a la vida sin apegarte al resultado.

Ten Paciencia y Confía.

La paciencia y la confianza son dos grandes palabras. A veces pueden parecer imposibles y el hecho de confiar y dejarlo ir puede resultarte abrumador y confuso.

Puedes verlo de forma lógica si has hecho tu tarea para transmitir tu sueño, hay gran cantidad de energías trabajando en devolvértelo. Mientras tanto, debes esperar pacientemente. Es como colocar un anuncio en el periódico: no sabes con exactitud el efecto que tendrá, pero sabes que la energía está trabajando en tu dirección. Ahora necesitas esperar a que regrese y dejar ir el apego de querer saber en qué forma lo hará. Puedes confiar en que aparecerá en el momento y forma perfecta.

Ten paciencia. Recuerda tomar cada paso tal como viene
y confiar en que aparecerá el siguiente.

Confía en que puedes reconocer el próximo paso.

Mientras más relajado estés por lo que pueda suceder y dejes ir el resultado, más podrás sostener y transmitir la intención de tu sueño.

Cuando estás relajado tu corazón está más abierto y atento. Tu mente se vuelve más flexible y todo tu ser se sensibiliza y está receptivo a cualquier cosa que tenga que ver con tu sueño.

Al estar relajado reconocerás cuál es el próximo paso a seguir. Verás las señales y sabrás cuándo actuar. Confía en que todo llegará a ti sin esfuerzo, en el momento justo y de la forma adecuada.

 Resumen:

- Aprendiste a ser paciente y a confiar en que tu sueño está en camino.
- Al relajarte, sabes que reconocerás el próximo paso a seguir.

 Lo que has hecho hasta ahora:

Paso 1: Has creado tu laboratorio de sueños.

Paso 2: Estás tomando consciencia de tus pensamientos y emociones.

Paso 3: Estás definiendo tu sueño con tiempo, dinero y salud ilimitados.

Paso 4: Estás encontrando tu intención y lo que crees o sabes sobre tu sueño.

Paso 5: Hiciste tu proyecto de manifestación para que tu sueño se realice con mayor rapidez.

Paso 6: Estás definiendo cómo compartir tu sueño utilizando su nuevo lema.

Paso 7: Estás haciendo una reflexión de ideas para saber cómo y dónde puedes investigar sobre tu sueño.

Paso 8: Reconoces las señales por medio de tu inspiración, intuición y sincronía.

Paso 9: Actuaste con respecto a tu sueño y sabes que no puedes fallar, sólo caer.

Paso 10: Estás aceptando lo que es en la vida, en el entendido de que la felicidad y el amor son un trabajo interno.

Paso 11: Estás comprendiendo la importancia que tiene la confianza, la paciencia y la perfección de la vida.

P A S O   1 2

Celebra y Agradece

Celebra y Agradece

Celebra lo que eres y en lo que te has convertido.

La mayoría de las veces no nos damos el reconocimiento por lo que hemos hecho en la vida. Lo damos por hecho o sencillamente nos olvidamos de ello. Por esta razón, es importante anotar lo que has logrado y el conocimiento que has adquirido y luego celébralo.

No esperes primero a que tu sueño final ocurra para celebrar. Tu vida está hecha de muchos logros pequeños a través del tiempo. Cada pequeño acierto te conduce hacia una mayor claridad y te acerca un paso más a tu sueño. Tómate el tiempo para reconocerlos y celebrarlos.

Cuando te olvidas de celebrar, sientes indiferencia con respecto a lo que has logrado, sobre todo si es por un largo tiempo. Estos logros a largo plazo podrían ser terminar los estudios, hacer una carrera o criar a los hijos. A menudo otros acontecimientos a corto plazo pueden parecer más importantes que los logros a largo plazo. Es muy importante celebrar los resultados a medida que avanzas sobre ellos, ya sean grandes o pequeños.

Comienza el ejercicio para **reconocerte a ti mismo**. Reconoce no sólo lo que has logrado hasta ahora, sino también en **quien te has convertido**.

Herramienta de Práctica 1: **Reconoce tus Logros.**

Responde las siguientes preguntas:

- ¿Qué logros tuviste durante los últimos diez años? Anótalos por año.
- ¿Qué lograste este mes?
- ¿Qué lograste hoy?
- ¿En quién te has convertido durante este proceso?

(Indica las nuevas cualidades que has alcanzado durante este proceso).

 Anota tus respuestas en tu **Diario del Soñador Valeroso**.

 Herramienta de Práctica 2: **¿Cómo celebrarás tus logros y a ti mismo?**

Repasa tu proyecto de manifestación para celebrar tus logros.

Revisa cada paso de tu proyecto, actualiza y haz cambios de acuerdo a los logros que estés consiguiendo.

 Anota en tu **Diario del Soñador Valeroso** lo siguiente:

- ¿Cómo celebrarás lo que has hecho?
- ¿Cómo celebrarás en lo que te has convertido?

¡Gracías!

Agradeciendo.

Una forma de agradecer a la vida es recordando todas las maravillas que ocurren sin que las controles o las cambies...sólo suceden.

Cuando ves la perfección que hay en la integridad de la naturaleza, puedes confiar en que también hay perfección en ti. Eres parte del todo: tal como es perfecta la naturaleza, así tú lo eres. Al igual que los hermosos colores de una simple flor que crece en la naturaleza y están ahí para disfrutarla, tu eres tan perfecto como ella.

Tal como la flor, estás desempeñando tu papel perfecto en la vida al seguir tu sueño. La vida y la naturaleza siempre se mueven hacia algo más, lo cual también es nuestro estado natural. Todos nos esforzamos para crecer y evolucionar. El árbol y la flor crecen en perfección con toda su belleza y sin forzar a que las cosas sucedan. Crecen hacia su perfección de forma natural.

Tú no eres en nada diferente. Eres parte de la naturaleza, esforzándose para crecer en algo más. Aprende de las flores y las plantas, confía en que todo se desarrollará de forma perfecta sin presionar y luchar. **Acepta lo que es y fluye**.

Comienza agradeciendo por las pequeñas cosas que ya tienes.

La gratitud es una de las herramientas más poderosas que estarás utilizando. Cuando agradeces, le dices a la fuerza creadora que aprecias lo que has recibido y esa fuerza tratará de darte más de lo que aprecias de forma natural. Comienza dando gracias por cada pequeña cosa que has recibido y que el encontrar motivos para agradecer sea un hábito para ti.

¡Si, tienes mucho que agradecer! Incluso si tienes alguna discapacidad, da gracias por lo que tienes. Agradece el que puedes ver, caminar, escuchar, oler y saborear buena comida. Agradece el que tengas amigos, familia y quizá niños.

Agradece a la naturaleza. Observa las maravillas que te rodean y ve la perfección que hay en todo. Cuando logras ver cómo la vida está en armonía de forma asombrosa y perfecta, entonces puedes confiar en que, de alguna manera, tu sueño encaja en todo.

"Estas aquí en el momento adecuado, haciendo lo que haces".

*Cada vez que desde tu corazón das las gracias por algo,
sabes que estás fluyendo con la vida de forma positiva.*

Comienza dando las gracias todo el día por todas las cosas de la vida.

- **Agradece por toda la gente que se ha cruzado en tu camino.**
  Ellos te ofrecieron algo, alguna experiencia (positiva o negativa) y ayudaron a moldearte para que te convirtieras en quien ahora eres. Recuerda, eres único y especial. Acéptate y ámate tal cual eres.

- **Agradece tanto a los tiempos difíciles de la vida como a los buenos momentos.**
  Por lo regular, los tiempos difíciles nos dan grandes lecciones. Nadie vive sin experimentar ambos lados. Piensa en ello desde una perspectiva diferente: si no hubieras vivido tiempos difíciles, no habrías aprendido valiosas lecciones que te permitieran valorar más los buenos tiempos.

- **Agradece todo el dolor y el sufrimiento pasado.**
  No porque quieras repetirlo, sino porque te condujo a un camino nuevo y diferente en la vida.

- **Agradece todos los momentos maravillosos en la vida.**
  Momentos que disfrutaste ya sea solo o en compañía de alguien especial.

Lo más importante de todo es darte gracias a TI MISMO por:

- Tener la voluntad de continuar y no rendirte.
- Valorarte lo suficiente.
- Ser honesto contigo mismo.
- Saber que eres merecedor de tu sueño.
- Recorrer este manual para comprender el proceso de crear tu sueño y para recordarte la fuerza, belleza y verdad interior que tienes.

Date amor y un gran abrazo por crear tu vida con intención, haciendo lo que realmente sientes que viniste a hacer aquí: tu propósito de vida.

Agradécete por valorarte lo suficiente para vivir tu sueño.

¡Nunca te rindas! ¡Confía en ti y en la vida!

Tu caja de herramientas para la vida.

Ya tienes una caja de herramientas completa con los doce pasos de creación. Puedes aplicar estas herramientas en cualquier sueño que tengas en toda tu vida. Los pasos se pueden mostrar en un orden aleatorio en cualquier momento. Sigue a tu intuición para actuar a medida que lleguen. Confía, ten paciencia y recuerda: celébrate y diviértete.

Resumen:

- Reconociste tus logros sobre lo que has hecho y en quien te has convertido.
- Entendiste la importancia de celebrar cada paso en tu camino hacia tu sueño.
- Conoces el poder de dar gracias tanto a ti como a todas las partes de la vida.
- Tienes una caja completa de herramientas para la vida.

 Resumen de Herramientas de Práctica:

1. Reconoce tus logros.
2. ¿Cómo celebrarás tus logros y a ti mismo?

Lo que has hecho hasta ahora:

Paso 1: Has creado tu laboratorio de sueños.

Paso 2: Estás tomando consciencia de tus pensamientos y emociones.

Paso 3: Estás definiendo tu sueño con tiempo, dinero y salud ilimitados.

Paso 4: Estás encontrando tu intención y lo que crees o sabes sobre tu sueño.

Paso 5: Hiciste tu proyecto de manifestación para que tu sueño se realice con mayor rapidez.

Paso 6: Estás definiendo cómo compartir tu sueño utilizando su nuevo lema.

Paso 7: Estás haciendo una reflexión de ideas para saber cómo y dónde puedes investigar sobre tu sueño.

Paso 8: Reconoces las señales por medio de tu inspiración, intuición y sincronía.

Paso 9: Actuaste con respecto a tu sueño y sabes que no puedes fallar, sólo caer.

Paso 10: Estás aceptando lo que es en la vida, en el entendido de que la felicidad y el amor son un trabajo interno.

Paso 11: Estás comprendiendo la importancia que tiene la confianza, la paciencia y la perfección de la vida.

Paso 12: Estás celebrando en quien te has convertido y agradeces cada parte de la vida.

Epílogo

Queremos **AGRADECER** sinceramente el que hayas llegado hasta este punto en tu viaje. El conocimiento y la experiencia que ahora tienes para vivir con intención y crear tu sueño es algo que muy poca gente sabe.

Una vez que te hayas embarcado en este viaje no hay vuelta atrás, ya que sentirás que aprendiste algo de verdad que difiere de cualquier otra cosa que hayas conocido antes.

En los tiempos por venir tendrás grandes experiencias a diferencia de cualquier cosa que hayas vivido antes. Algunos de tus sueños resultarán totalmente diferentes de lo que esperabas, lo que por lo general es algo mucho mejor de lo que al principio habías soñado. Otros sueños tomarán tiempo, ya que puede haber más cosas qué aclarar antes de recibirlos.

Cuando te encuentres en este viaje de consciencia, tendrás la capacidad de ver tu vida de una nueva manera. Será como pararte a tu lado y observar lo que está sucediendo. Podrás mirar tus reacciones, pensamientos y emociones sin que te involucres en ellos.

Adquirir una nueva consciencia no significa que todo el tiempo la vida vaya a ser fácil. En realidad, cuando logras tener una mayor consciencia, lo primero que sucede es que te harás consciente de esas partes en ti que aún no has trabajado. Estas son las que te están frenando para conseguir lo que deseas.

Estas partes imperfectas son como programas que están corriendo en segundo plano y no estás consciente de ellas. Poco a poco lograrás la consciencia. Sólo cuando seas consciente de todas esas partes podrás hacer que se vayan de tu vida. Cuando enciendes una luz en la oscuridad, ésta última desaparece. Deja que todo salga a la luz y dale la bienvenida, no luches contra ello.

Observa lo que sucede sin juzgarlo
y se disolverá por sí solo.

Por último, recuerda que tanto la satisfacción como la felicidad en la vida son un trabajo interno. Nada que provenga de afuera creará la felicidad eterna. Sólo cuando halles paz y alegría en tu interior podrás tenerlo **todo de afuera** y vivir sin apego.

Por favor haznos saber de qué forma este conocimiento ha impactado tu vida.
Nos encantaría saber de ti.

¡Con mucho amor, hasta pronto!

Maria & Mats Löfkvist

Fundadores, Global Mentor Aid
info@globalmentoraid.org
www.globalmentoraid.org